为聪慧与高尚的人生奠基

窦桂梅

我们努力，让学校的每一个角落都能充满向上的精神与教育的智慧；

我们努力，让学生的每一个时刻都能享受学习的收获与成长的乐趣；

我们努力，让教师的每一天工作都能体会职场的幸福与专业的尊严。

——摘自《清华附小办学行动纲领》

"我是清华少年，努力成为健康、阳光、乐学，拥有中国灵魂、国际视野的现代人！"

清华附小的

Qinghuafuxiao de
Deyu Xijie

德育细节

丛书主编 窦桂梅

本册主编 梁营章 张华毓

大夏书系·名校教育探索

华东师范大学出版社
·上海·

目 录

序　因为我们，教育更美

第一辑　悦纳每一个学生

序 因为我们，教育更美

每一个人的心中，都睡着一个美好的自我。

每一个孩子的心中，都睡着一个好孩子。

我们的工作，就是唤醒，唤醒向上的自我，唤醒美好的人性。

读者朋友，呈现在您面前的这本稍显"稚嫩"的教育案例集，如果说有什么主题的话，那就是"唤醒"——用我们对理想教育的渴望，用我们对教育的痴情，用我们对每一个孩子无限的信任，用我们的童心，用我们的智慧，去理解、欣赏每一颗幼小的心灵，去唤醒他们心中沉睡的美好的自我，去鼓励他们将最美好的自己尽情地舒展开来……

我们讲述一个个"唤醒"的故事，是试图与您一起分享教育的美妙过程，是努力让更多的人理解：教育并不神秘，最重要的是要有大爱；教育是一门精致的艺术，它影响纯真的心灵，容不得丝毫的闪失、掺假和粗暴；教育是"枯燥"的事业，它需要极大的耐心和不断的创造，尤其是要有激情，只有有激情，才能让每天的学校教育生活充满生机。

为此，请您静心品读我们的教育故事、细节，并由此去感受我们的教师那一颗颗滚烫的爱心，去感受师生心灵的交融……

作为教师，我们一直坚守这样一个信念：孩子很小的时候，给他们深根；等他们长大了，给他们翅膀。我们就这样做孩子的陪伴者，用心灵去影响心灵。我们来听听孩子的反馈。

我们像刚冒芽的小草，老师就像天边的阳光，用温暖哺育着我们。

我们像一只只小蜗牛，慢慢地向前爬，老师伸出大手拉着我们前进。

在路上，老师耐心地等待我们克服每个困难。

我听到了许多老师和同学之间的感人故事，老师一直关爱着那些需要帮助的同学。

其中有一个故事给我的印象特别深刻，讲的是一个数学老师和一个学习有些困难的小男孩的故事。小男孩不爱说话，不爱发言，缺少自信。数学老师就请全校的老师一起来帮助、关心这个小男孩。老师们用了各种方法给了这个小男孩关爱与鼓励，帮助他成长为一个更自信、乐观、开朗的孩子。小男孩也有了许多朋友，比以前爱说话了。这个故事让我感到每一个清华附小的学生都幸福地沐浴在爱中，因为每一位老师都用心地呵护着每一个孩子。

我深深体会到：清华附小的老师从来不会放弃哪一个孩子，每一个孩子在清华附小都会幸福、快乐地成长为健康、阳光、乐学的清华少年。

教育不是戏剧，少有跌宕起伏的剧情，但从不缺乏值得玩味的细节——教育也许是平淡的，但能在这样的平淡中成就卓越。一位教师，只有善于捕捉并反思教育中的细节，才会走向成熟、卓越。我们一直提倡，每个课堂要有故事，每位教师要做教育生活的观察者、儿童的研究者，创造并记录、积累自己的教育案例。有了教育案例，才会有丰富多彩的教育生活，才可能形成独特的教育思想。一个没有故事的校园是乏味的，一个不能津津乐道于自己的教育细节的教师是贫乏的。还好，我们清华附小的每位教师，都有自己的教育故事。他们也许不会叙述，不善于表达，但这是他们自己的故事、自己的经历，是他们用心做教育的历程。我相信，细节将铸就伟大，只要假以时日，我们就会产生自己的"大师"。

教育需要打磨。打磨即反思，只有省察自己的教学生活，教师才可能逐步丰富自己的生命，并逐渐走向优秀。所谓反思，就是对自己的教育教学改革实践及其背后的理念进行旁观者式的追问。我们呈现的这些教育案例，就是老师们的一个个追问：追问自己的教学习惯，拷问自己的心灵，剖析那些令人印象深刻的教育事件。教育是"亢龙有悔"，而不是骄傲自大。"悔"的存在，表明我们对教育充满理想，并不断超越自己，向更好的自我迈进。我以为，每一位教师每完成一个教育案例，对自己的教育生活进行一次客观的解剖，他的教育境界就会实现一定的提升。我们愿把自己的原生态教育生活呈现出来，并竭力对之进行分析。这样做，有两个目的：一是鞭策自己，在反思中前进；二是与同仁分享，如切如磋，相互砥砺，相互提携，在打磨教育的实践中创造更美好的未来。

小学教育是为学生打底子的事业。我们清华附小把学校的每一个角落，都当作师生共同成长的教育资源。在细节的浸润中，学生打下身体的底子、知识的底子和精神的底子。书中展现的一些细节故事，是师生互相浸润的写照，是教师们对学校生活饱含情感的记录，它们波澜不惊，但大都与心灵相关，与学生一生的成长相关，也与教师的专业发展、心灵丰富相关。"小学不小，奠基未来"，我们以此自许，并因此战战兢兢，如履薄冰。我们自身并不伟大，但我们也许在成就伟大。

作为小学教师，我们"崇拜"儿童。"学校是儿童的乐园，儿童站在教育的正中央。"这不是口号，而是我们清华附小教育生活的真实写照。我们在这里呈现自己的儿童观，也许有的教师一开始走了弯路，在实践中没有真正把儿童置于教育的中心，但经过反思、"悔悟"乃至精神的涅槃，他们都学会了欣赏儿童、发现儿童，都有了相当的儿童思维、儿童立场。我以此为傲——只有建立起健康的儿童观，教育才会生机盎然。细心的读者将会发现，几乎每篇文章都有学生创作的简笔插图——这也是我们想表达的一个教育理念：不放弃任何一个成就学生发展的机会和舞台。我们坚信，与学生在一起的老师是幸福的，与学生一起成长的老师是最美的。

细节背后是大故事。实际上，这些教育案例，是在清华附小大的教育改革背景下产生的，这背景在书中也许很难反映，在此不妨赘述几句。教育需要沉潜精神。清华附小不热衷于追赶时髦和潮流，而是持守教育的本分，追寻教育的原点，回归教育的本真，积极地构建"1+X课程"新型育人模式。"1"指整合后的国家基础性课程，"X"指个性化发展的拓展性课程；"+"不是简单的加法，而是统合的变量与增量。"1"与"X"相辅相成，共同达成学校的育人目标。"1+X课程"改革，尝试打破国家课程学科间的壁垒，精简、整合国家课程，补充适合的校本课程，形成一套较为科学、基于国家课程又高于国家课程的清华附小课程体系，力图为基础教育探索提供一套科学实用的育人模式与管理体系。

我们庆幸"生于"清华校园，"长于"清华校园。水木童心，书香立人。"青溪水木最清华"，如水一样至柔至善，如木一样挺拔苍翠！清华附小正着力打造一个最宜读书的书香校园。我们笃信，"最是书香能致远"，只有永葆童心与书香，才能为学生聪慧与高尚的人生奠基。

最后，和大家一起分享我们清华附小的发展愿景，我想这是对本书最好的注脚：

我们努力，让学校的每一个角落都能充满向上的精神和教育的智慧；

我们努力，让学生的每一个时刻都能享受学习的收获与成长的乐趣；

我们努力，让教师的每一天工作都能体会职场的幸福与专业的尊严。

坦率地说，清华附小的师生还是一群行者，一群行走在教育理想征途中的旅人。我们坚信没有最好，只有更好。只要我们行动，世界就可以改变。我常对学校的每一位教师、每一位学生、每一位家长和关心我们的人说：美丽的清华附小，有您，有我！

是的，我再说一遍：因为我们，清华附小将更美丽，教育会更美好！

是为序。

窦桂梅

悦纳每一个学生

"五——十——个!"

窦桂梅

导读

　　一个孩子，一个世界。欣赏学生不是一个口号，而是一种承诺，更是对德育智慧坚韧度的考验。作为一名教育者，我们要用细腻发现学生，用细致滋润学生成长中的每一个细节。

　　这是四年级的一堂普通的数学课。

　　在教室最后一排的右侧靠墙处，坐着一个学生。他的课桌上散落着各种各样的书本，文具盒和铅笔在桌子上乱摆一气，凌乱不堪。这个学生时而东倒西歪地看书，时而蹲下去钻到桌子底下玩……班级里发生的事情好像和他没有任何关系。

　　他叫小彭。其实在三年级的时候，我就知道了他的名字。那是在听语文课的时候，我发现这个小家伙在教室最前排的一隅，整堂课，都没有听课，而是在"自娱自乐"。

　　下课了，我问老师这孩子的情况。老师带着激动与无奈告诉我这个孩子的"病情"：他是个有点内向，喜欢独来独往，总是沉浸在自己的世界里的学生，学习和行为习惯不好，言行随便、不听课、打人、个人卫生差、学习成绩不及格……当时作为副校长的我只把注意力停留在课堂教学的内容上，老师说的学生自身的问题我并没有格外关注，心里留下的是对孩子的同情和对老师的理解。

　　后来，河南一位来清华附小学习的老师到这个班代课。让人没想到的是，一个月后，6月的一天，这位老师要离开时，班里的学生竟然哭声一片，小彭也使劲抱着她不肯撒手，还给她写了一封信……听到这件事，我呆住了，心情很复杂。

暑假过后，刚开学不久，我又来到这个班——而这次，听的是数学课。

于是，就有了上面那一幕。

我一边听课一边想，这个学生还没有长进。

数学课继续进行，他还是干着自己的事情。

"我们已知鸟巢的面积，你们估算一下，鸟巢相当于多少个清华附小的操场？"数学老师向全班同学问道。

"五——十——个！"

当大多数同学还在埋头运算时，小彭同学坐在座位上，漫不经心地拖着长音回答出了这个问题。

小彭的回答，给我带来了惊喜，但又不敢确定对否。当小彭的回答得到数学老师的肯定后，坐在前排的我高高举起双手，向他竖起了两个大拇指。而这一幕恰巧让冷不丁抬头的他看到了。

下课后，我疾步来到小彭面前，按捺不住心里的激动："小彭，你怎么这么了不起？我刚才也跟着你们进行估算，怎么就没有你那么快、那么准确呢？"

小彭那无所谓的表情突然一闪，他回了我一句："没什么，本来就是那样的。"他语气羞涩，说完后马上低下了头，扣着自己的手指，接着又抬起头做了一个怪脸。这小家伙特别"淡定"，似乎没有把我这个校长的夸奖当回事。

这是个契机！

我把小彭领到办公室，亲手给他写了一份校长奖。

"小彭，祝贺你在课堂上精彩的表现！当同学们埋头运算的时候，你的回答那样响亮，那样正确。一定是你聪慧的大脑和你的注意听讲结合在一起，创造了那美好的一刻！相信你在其他课堂上也一定会这样精彩！"

我在奖状的落款处郑重地写上自己的名字，同时还送给他一盒特殊的礼物：画笔和纸。

自此，每天我在校门口迎接学生的时候，只要见到他，我总会响亮地喊着他的名字——小彭！

"小彭，你今天真不错哦，校服那么整齐！"我整理一下他的衣领，拍拍他的肩膀。

"小彭，你今天走路比上次快多了，抓紧，要迟到了！"他抬头看了我一眼，做了一个鬼脸就走了。

"小彭，你今天来得比昨天早啦！"他"嗯"了一声，头也没抬，就走了。

……

学校里每天都上演着不同的故事和精彩，但是我和小彭之间的交往还在继续。

新年快到了，学校安排月底每一个班召开联欢会。按照惯例，我们要逐班给孩子们祝福。

到了小彭所在的班级，我走到最后一排，来到小彭跟前，从兜里掏出事先准备好的糖果悄悄放入他的裤兜，并在他的耳边对他说："希望你的学习和心情像糖一样，甜甜的！"

四（5）班　张同和/绘

作为校长，我很清楚，老师要面对班级的 40 个孩子，他们个性差异很大，照顾到每一个孩子确实需要很多智慧，有时心有余而力不足。小彭是一个有个性、有天分的孩子，他需要老师们持续地关注和鼓励。其他老师，也越来越主动地给他提供更多的锻炼机会，并和他的父母主动沟通和交流。

日子一天天过去。一天中午，我在校园的甬道上和工会主席说话，不巧下起了雨，我们正要往回赶，一把大伞打在了我头上。原来中午回家吃饭的小彭看见我被雨淋着，就把自己的伞给了我，他却被雨淋着了。

谁说他凡事无所谓？谁说他没有感情？班主任的水杯没有水了，不是他主动打满，然后亲自送到老师手里的吗？有一次，他见到我，硬是要把一个鸭梨塞给我。

学生研究中心的老师们专门根据我和小彭的故事设计了一个"种子课程"，安排小彭为学校的值周生。于是课间休息时，我们总能看到带着袖标在校园里认真检查班级卫生的小彭。

学期即将结束时，国际赏识教育专家曾桂安来学校作讲座，其间他要求学生们给欣赏自己的老师写一封信。讲座结束后，小彭所在班级的几个同学出现在了我的办公室门口，送来了小彭写给我的赏识信。

校长：

我觉得您特别会欣赏人，我只不过回答出了一道数学题，您就那么表扬我。可能大多数人都不能理解我一个学习不好、纪律不好的学生，得到您的欣赏后的心情。从三年级到现在的五年级，我进步很大，在老师和同学们的帮助下，我越来越有自信了。我想对您说："谢谢您！"

我是含着泪读完这封信的。它没有精美的包装，也没有华丽的辞藻，但我知道，这一笔一画、一字一句都是孩子真情的表达。说心里话，我的一个大拇指、一张奖状、一份小小的礼物，到底能让他发生多少改变，我并没有太多期待。我只知道要呵护这样一个有故事的孩子的童年。

学校举行"水木童心"六一儿童节联欢会。由于都是大型节目，缺少能够静心、定心的小节目，学生研究中心就把我和小彭的"种子课程"放了进去。

两个人在舞台上，就这么你一句我一句，讲述着我俩的真实故事。令人想不到的是，台下的家长们一个个泪眼婆娑……

每一个孩子都是天使。每天，我们都要面对一个个鲜活的生命，一个个性格迥异的孩子。我们要小心呵护每一个孩子的世界。我们常说："生命只有一次，童年不会再来。"这个故事所反映的正是清华附小所有教师的德育信念：要爱每一个孩子！把每一个学生的成长当成我们教师的最高荣誉！

这是我们的誓言，也是我们的追求，我和小彭的故事便是我们行动的注脚。

知易行难，关键在于，要把认识到的每一个孩子都是一个独特世界的

"理儿"落实在每天的行动中，而且持之以恒。欣赏和赞美表现优秀的学生似乎都容易做到，而欣赏那些暂时"不优秀"的孩子则需要教育的智慧和勇气。但那些表现不好、情况特殊的孩子更需要我们付出爱，哪怕呕心沥血。

就在写下上述文字的时候，老师们高兴地告诉我，小彭在海淀区语文、数学、英语三门学科抽测中都得了"A"！

这让我想起在门口看到的小彭挺拔走路的样子，也想起小彭抬头给我的那个灿烂的微笑。

僵尸驾到

胡 兰

导读

数字化媒体的大潮已经来到我们的身边，想将其关在门外是不可能的，教师应当做的就是善加引导。而这"善"字里包含着教师的教学能力、教育艺术和教育智慧。我们相信，每一个孩子心中都有一颗向善的种子，而我们这些"园丁"需要做的，就是与孩子一道"朝向明亮那方"。

"僵尸吃掉了你的脑子。"如果你经常玩游戏，一定知道它来源于近来颇为流行的游戏《植物大战僵尸》。最近，在我们的班级中，就流行起了一股这样的风潮……

事情源于那天的语文课。二年级的儿童诗《我有一盒彩笔》朗朗上口，童趣盎然，我和孩子们一道朗读赏玩之后，进入诗歌创编环节。我欣欣然问道："各位同学，如果你有一盒彩笔，你想画些什么呢？"

孩子们七嘴八舌，小大人班长率先"开炮"："我想画我们美丽的教室，里面充满同学们的笑脸。"小才女甜甜马上增添些诗意："我想画春风拂过树梢，黄鹂唱出赞美的歌谣。"音乐迷不忘表达对音乐的热爱："我想画自己站在舞台的中央，全场观众都为我的演唱鼓掌。"生物迷紧随其后："我想画向日葵，跟太阳赛跑。"

生物迷的话音刚落，平日里最喜欢整蛊别人的"电脑迷"家明立刻高喊："老师，老师，我有一个别人都想不到的。"没等我示意他就站起来大声说："我想画一群僵尸幽灵，全部走进你们家的后院。"话音未落，同学们就笑了，教室里乱成一团。有的说："僵尸，你们家有僵尸。"有的说："快种植物。"还有的说："来不及了，僵尸已经吃掉你的脑子啦。"接下来又是一阵哄堂大笑。

家明眼见自己的搞怪达到了无与伦比的喜剧效果，一时洋洋得意。我这个不明就里的语文老师，除了跟着一起傻乐，简直不知道该如何收场。

下课后，当我把此事和办公室里的老师们分享之后，大家一个劲地嘲笑我："你 OUT 了。"由此，我方才知道，原来正是生物迷提到的向日葵，激发了家明的联想与想象。特别是当我在同事们的指导下，安装了那款游戏，打开那色彩缤纷的界面，了解了那稀奇有趣的规则时，连我也禁不住一关一关，玩到大半夜。连我这个老八板儿的成人都被如此吸引，更何况孩子们呢？就让他们高兴高兴吧。于是，我便没有对那天语文课上发生的事件采取什么行动。但是，我为自己睁一只眼闭一只眼付出了代价。

此后，班级里掀起了一股僵尸热。课间十分钟，几个淘气的小男生，弓着后背，吐着舌头，垂直双臂，扮演着僵尸的角色，四处追跑。僵尸的音乐、僵尸的动作、僵尸的语言成了学生们在课堂上竞相引用的素材。更可怕的是，他们在回家的路上购买僵尸卡片、僵尸玩具，还互相攀比。回到家里，有些自控能力差的学生，竟然经常连玩数个小时不肯停手。

最让我担心的是，游戏世界中那种泄愤般的疯狂的破坏欲，渐渐影响到孩子们日常的言行举止和待人接物了。他们发作业本时，不再是走到对方桌前轻拿轻放，而是像投弹似的四处乱扔；扔垃圾时，不再是一个低头弯腰的动作，而非要把各种垃圾用力撕成条、攒成团，投到垃圾桶里。他们在一起玩耍的时候，似乎也不再是小打小闹，有时候下手之重，仿佛不知道别人也会疼。我私下了解到，除了《植物大战僵尸》，孩子们还喜欢《愤怒的小鸟》《快刀削水果》《大鱼吃小鱼》。每一款游戏，似乎都是一个发泄的工具，背后都有一句潜台词："消灭我吧，我没有生命！"

对此，作为班主任，我必须想办法让孩子们远离这摧毁爱心、视力的"僵尸的世界"。但该怎么着手呢？对孩子们进行说服教育吗？不论是批评、劝告，话都已经说尽。联系家长吗？有些家长已经无能为力，有些家长抵不住孩子的软磨硬泡，有些家长甚至比孩子瘾头还大。

怎么办？蓦然想起苏霍姆林斯基所说的："真正的教育是自我教育"，教育者要"把自己的教育意图隐藏起来"。对，要转变思路，调动起孩子自我教育的积极主动性，变"要我"为"我要"；要转移视线，声东击西，真正想向学生渗透的理念要让他们在体验中自己感悟。

每周一节的看图写话课给了我机会。好吧，请君入瓮。我先拉来外援，请美术老师帮我画了一张小朋友坐在电脑前打游戏的图片，然后给每个学生复印了一张。下课前，我布置了一项作业："同学们，以前不论是单幅图还是多幅图的看图写话，都是老师拿图，大家写，这太限制大家的思维了。这次老师给同学们第一幅图，同学们利用一周的时间，帮助老师完成一个小调查。你观察自己的生活也行，询问同学也行，把图片中的小朋友长时间玩电脑游戏后的身体和心理感受画在纸上，下周我们就把同学们的图片当作第二幅图来进行写话练习，好吗？"

哈哈，还好没有说漏嘴，学生们真的把它当作一项看图写话课的准备活动来完成了。第一步成功。

一周后，收上同学们的画作一看，我忍俊不禁。有的学生为图中的小朋友加上了一副酒瓶底厚的眼镜片；有的学生为图中的小朋友眼前加上了无数闪烁的金星；有的学生在图中的小朋友的背上画了作业堆积如山、爸爸妈妈批评不止、学习成绩不断下降"三座大山"；有的学生借用《植物大战僵尸》里的元素，把图中的小朋友画成了僵尸的形象，把电脑画成了打击僵尸的豌豆射手，小朋友被电脑游戏打得垂头丧气、狼狈不堪……最有趣的是一个擅长画画的女生，把图中的小朋友坐的座椅改成了一根树桩，根深深地扎进地里，而头发则改成了一个鸟巢，头顶上几只愤怒的小鸟竞相向那个小学生攻击，颇有"把牢底坐穿的意味"，并借用了那句经典的台词作为画作的题词——"游戏吃掉了你的脑子"。

看图写话课上，同学们说得热火朝天，把玩电脑游戏的危害描绘得淋漓尽致，并写出了一篇篇精彩作文。此后，我带领学生们将这些作文整理成集、复印、赠给家长们，还与学生一道根据大家课上说的玩电脑游戏的危害，订立了"游戏守则"。而这之后的文件编辑、整理、美化等繁重工作，"电脑迷"家明成了我最好的助手。

如今的教师，受教育水平越来越高，可以说都具备"爱"的道德良知，都在尽自己所能将"爱"转化成益于学生发展的道德行为。

可是，有时良好的用心并不见得有相当的回报，甚至可能适得其反。为什么？我认为，很可能是因为少了一点科学的教育方法。把古今中外教育家

游戏吃掉了你的脑子

三(5)班　杨　凡/绘

的至理名言梳理梳理，其实，教育的原则不外乎这几条：有教无类、因材施教、启发诱导。其中最具挑战性的，是利用多种课程资源启发诱导学生，让他们自觉向善、走向优秀。

这个故事给我的最大启示就是，作为师者，我们除了要对教室里每天甚至每时每刻发生的事件保持敏感外，更要对遭遇到的教育问题尤其是"疑难杂症"，进行艺术化的处理、应对。春风化雨，润物无声，教师的威逼利诱、唠叨恐吓，也许比不上一个关注的眼神、一个善意的询问、一个就地取材的故事、一个精心设计的游戏。这就是教育的艺术。

也许，教育的最高境界是"无痕"，教师的另一个身份是课堂"艺术家"。

"洋相大王" 变形记

郭赞新

导读

　　每个学生都是一棵小树苗，需要我们播撒阳光，滋润心田，精心呵护。对于班级中经常犯错误、出洋相的学生来说，他们更渴望得到老师的爱，同学的尊重。"漂亮的孩子人人都爱，爱不漂亮的孩子才是教师真正的爱。"从孩子的实际需要出发，才是德育的真谛。

　　"报告！"听到班干部京京的报告声，我就已经猜到了他来到办公室的原因。京京皱着眉头，撅着小嘴："郭老师，咱们班又乱成一锅粥了，简直没法上课。外教老师管他们，他们也不听。小麟在地上爬，小霖他们就哈哈大笑起来……"果然不出我所料，又是小麟惹的祸。

　　每周的管理班时间，学校都会统一为各个班级安排一节外教课。孩子们其实很喜欢这位外教老师，她金黄的头发，碧蓝的眼睛，总是能为孩子们带来新颖的教学内容。虽然课堂内容丰富多彩，但是对于一年级的小学生来说，听起来还是有很大困难的。而这节能够提升外语水平的外教课，对于小麟同学来说，简直就像在听天书一样。所以，每次的外教课，他不是在地上爬，就是到处溜达招惹同学——他总是用这种"出洋相"的方式引起老师和同学们的注意。每当他的行为受到老师的批评或者同学的取笑的时候，他都会很开心。殊不知，他的这种行为严重影响了课堂秩序，影响了全班同学上外教课。虽然被批评过、教育过，他也保证过、悔改过，但是"出洋相"的事情却一直没有停止过……

　　当我进入教室的时候，刚才的"热闹"场面已经结束了。外教老师尴尬无奈的表情，让我觉得有些不好意思。再看看小麟，他一脸无辜的样子，两只眼睛直勾勾地望着我，衣服上一块一块的污痕——显然是在地上爬过。我冲着他长吁了一口气，用手势示意他跟我到办公室。他一步一挪地跟在我后面走。当他站在我办公桌旁边时，我真的不知道该对他说些什么了。说了有用吗？该讲的道理都讲过了，如果他能控制住自己，还会屡次犯同样的错误吗？孩子听不懂外教老师在讲什么，自然会去找事情让自己不那么无聊。他只是想引起老师和同学的注意，他只是希望大家能够关注他……

是呀！他只不过是在用自己的方式表达内心的渴望。他有什么错呢？想到这些，想到他天真烂漫的样子，想到他曾经给全班同学带来的小礼物，想到他在运动会入场式上克服身体协调性不好的困难，努力和大家保持步调一致的神情……我还怎么忍心给他扣上"给班集体抹黑"、"影响课堂秩序"这样的帽子呢？

"老师，我错了。"就在我沉思的这一刻，耳旁传来了小麟低沉的声音。唉！每次他都会这样承认错误，眼神是那样的虔诚，双手不由自主地拽自己的衣服，双脚则不停地左右晃动。我知道，他是在担心，担心我会把今天的事情告诉家长，担心爸爸妈妈会严厉地教训他……可是，怎么办呢？怎么才能让他既能和大家一起上课，又能保持安静不出"洋相"呢？

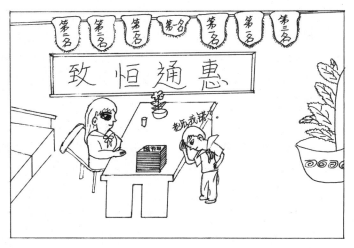

二(4)班　滕佳霖/绘

接下来的一段日子，我陷入了深深的沉思：面对这样一个智商和情商都像个3岁小孩的学生，我该怎样帮助他呢？

明天又是一周一次的外教课，为了保证同学们有一个良好的课堂秩序，我准备和孩子们一起上这节课。课堂上，外教老师绘声绘色地讲授。为了让孩子们能够听懂、看懂老师的意思和讲课内容，外教老师精心制作了课件和很多小道具，孩子们很感兴趣。听不懂的，可以根据图片内容和道具猜想老师的意思。看到这些，我眼前一亮，突然有了一个想法：何不让小麟把老师讲的内容用图画的方式表达出来呢？他可以把自己在外教课上看到的内容画下来，这样既能够让他安静下来，有事可做，又能够帮助他学习，而且其他孩子也能够在良好的环境中安心学习，可谓一举多得。

在接下来的外教课上，小麟总是拿着画笔和画纸画画。起初，他总是胡乱涂画些什么，每次都讲不明白自己画的是什么。但是，上课有事情做了，他安静了许多。有一次，我看他画了很多花啊、草啊，还有很多奇奇怪怪的小虫子，看上去黑乎乎的。我好奇地问他："花园里不是应该有蜜蜂和蝴蝶吗？这些奇怪的小虫子是什么呀？"他得意地指着自己的画说："这些都是花园的帮手，他们保护了花草……""太棒了！"我如获至宝一般地捧着他的杰作，轻轻抚摸着他的脑袋："小麟，你讲得这么清楚，上课学得一定很认真！这幅画太美了，能送给我吗？"他使劲儿点了点头。

接下来的日子正如我所期待的那样，他画的内容越来越好，越来越有进步。他不再像以前那样只是简单地随意涂画，而是把自己看到的、想到的都画下来。至此，外教课上，小麟再也不出"洋相"了。有的时候我还会把他的作品展示给同学们看，大家看到他的进步都不禁为他鼓起掌来。至今，他那腼腆的一笑仍让我记忆犹新。

苏联的一位教育学家曾说："漂亮的孩子人人都爱，爱不漂亮的孩子才是教师真正的爱。"小麟只是希望通过自己的方式来引起老师和同学们的注意，他并不是故意要破坏课堂秩序，影响同学们上课。从他的行为中，可以感受到他渴望表现，渴望老师注意到他，渴望同学们和他玩。关爱孩子，就要主动倾听他的诉说，找到德育的切入点。让他体会到大家关心他，不排斥他，问题就会得到解决。

班主任应该全面认识学生，既要看到他们积极的一面，及时加以鼓励，又要看到他们不成熟的一面，及时给予帮助。要知道每一个孩子都渴望得到尊重与理解。从孩子的实际需要出发，才是德育的真谛；用心去倾听孩子的心声，才是爱的起点。

　　爱是需要智慧的。爱优秀的学生不难，爱表现不那么优秀的则不太容易；爱每一个学生也不是天方夜谭，但这种爱能否给每个学生都带来积极的影响则需要教育的智慧。笔者个人认为，爱学生，就从他们的兴趣点入手，让他们积极参与到课堂教学中来——教育之爱会促使学生发生积极的变化。

他从美国来

代养兵

导读

德育是一项复杂的工程，如果你只关注学生的成绩，只关注学生的课堂表现，那么就难以全面了解学生。你要关注每一个学生的一言一行，一举一动，了解他们的全部，这样才能走进他们的心里，与他们实现真正的沟通，从而达到你想要的效果。

刚带这个班数学课的时候，因为对孩子们不太了解，课堂上，我一般只找那些主动举手的同学回答问题，或者做示范。久而久之，我发现，回答问题的基本上就是那些第一堂课就积极参与的孩子，总有几个孩子沉默寡言，不主动举手。不过有一个孩子有点例外，他不仅不参与课堂，还想方设法扰乱课堂，总是动来动去，或者玩别的东西。你提醒他一句，他就收敛一下，但是收敛的时间最长不超过两分钟。

于是，课堂上我就要经常提醒他：

"小胜，坐好了，别东倒西歪的！"

"小胜，手里的东西收起来！"

"小胜，别去打扰你的组员听课！"

"小胜，看黑板！"

……

就这样，每天我都觉得很累。一到晚上，躺在床上，我就在想第二天数学课如何能让小胜参与到课堂中来。一会儿想一个办法，一会儿又想另一个办法。总之，方法换来换去，但他还是那个样子，让你头疼，让你心烦。于是我就想，要不别管他了，只要他不影响别人就行。但是我发现，他有时候也故意去扰乱组内其他孩子听课。看来，处理不好他的事情，就无法进行正常教学了。

我愁眉苦脸地回到家里。爱人看到我一脸愁容，便问我怎么回事，我就把小胜的问题跟她说了。她也是一位老师，不过已经工作五年了，而且当了五年班主任，经验比我丰富。她告诉我："有些孩子故意上课捣乱，就是要引起老师的注意，让你注意他，关注他。小胜很可能就是这种情况，你要多去了解他的背景，然后想办法多关注他，让他体会到你是关心他的，你是爱他的。"

但是具体怎么做呢？一天，课结束了，下一堂是英语课，我正好无课，想听听英语老师赵老师的课。上课后，我惊讶地发现，小胜不停地举手发言，上课聚精会神，回答问题口齿伶俐，英语发音正确标准。这时，他仿佛换了一个人，再也不是那个上数学课东倒西歪、动来动去的大男孩了。突然，我发现那个令人"讨厌"的孩子，此刻怎么那么帅呢！下课后，我心里久久不能平静。

既然小胜在英语课上表现如此之好，那他一定也能在我的数学课上表现优秀。我找小胜的班主任刘老师了解情况。原来他去年刚从美国回来，一开始普通话说得不流利，最近才练得不错。于是我分析：一方面，他强烈地希望老师们关注他，希望成为老师们的焦点；另一方面，由于语言问题，老师很少叫他回答问题，他不得不采用"捣乱"的方法以引起关注。

怎么做才能激发他主动参与到课堂中来呢？直接叫他回答问题吧，效果可能不明显。那就试着从别的角度吧。

思来想去，我决定从他在美国的生长经历出发，去挖掘他认为自豪的东西，进而了解他，让他融入到课堂中来。

于是，在一节数学课下课之后，我故意喊了一句：

"小胜！"

小胜跑到我跟前来。

"什么事啊，老师？"

"老师要回办公室，但是作业太多了，老师抱不动，想请你帮忙，可以吗？"

"当然可以了！"他开心地看着我。

"那好，走吧。"我把作业分给了他一半，他小跑着跟在我的后面。

到了办公室后，他放下作业，怯生生地环顾了一下，小声说："那我走了，老师。"虽然只是一件小事，但我发现他很开心，就好像被表扬了一样。

机会难得。

"小胜，听说你从美国回来，在美国长大的啊。"我装作很好奇地问。

小胜兴奋地看着我，仿佛他一直隐瞒又想让我知道的东西终于被我发现了。

"是啊，是啊。"他回答道。

"美国好玩吗？"

"美国可好了，课堂上比较自由；美国人比较爱护环境，没人乱丢垃圾……"

那天，我们利用课余时间，聊了很多。我发现了这个孩子有很多可爱之处。

在以后的日子里，我特别留意小胜的表现，他虽然不那么"捣乱"了，但还没到我期望的目标。这段时间，我有意多接触他。课间课前，我会走到他身边，问他冷不冷，周末都在家做什么，家住得远不远，在国外生活得开心不开心……大课间的时候，我会问他喜欢什么体育运动，并邀请他有空一块儿踢踢球。

功夫不负有心人。他开始积极主动地跟我聊天了：他会告诉我，他国庆节去哪儿了，怎么去的，玩得开心不开心；他会告诉我，他以前在国外是怎么生活的；他还告诉我，同学们在运动会之后在操场上扔垃圾、纸片是不对的，在美国，就没有这样的事情……原来他是一个很有想法的孩子，只是没机会和老师去交流。

终于，在一堂数学课上，我发现他一直试着想举手回答问题。我用眼神鼓励他。结果，他举手了。我赶紧让他站起来回答。虽然他回答得结结巴巴，但答对了。我表扬了他，他开心地坐下。我想此刻他心里肯定是甜甜的。此后，他开始主动参与课堂，积极举手回答问题。几次数学测验，他考得也不错，我又在课堂上表扬了他，他高兴得乐开了花。

其实，教育孩子，就是要多关注他，融入到他的世界之中。不仅关注他的成绩，还要关心他的生活，关注他的言谈举止。只有这样，教育才会成就完整的人。写这篇文章的时候，我仍然清晰地记得，趣味运动会那天，我和小胜一起半躺在学校操场的草皮上，看着同学们轻快的身姿，海阔天空地聊着国庆节将如何安排。其实，每个孩子都有他引以为傲的地方，只要你善于发现，并以此激励他们，那么每个孩子都会变得可爱、优秀。

四（2）班　施皓轲/绘

　　德育需要过程。有人说在这个过程中最重要的是耐心，然后"静听花开的声音"。不错，耐心是德育的重要品质，但不是全部。耐心之上，还要善于发现学生的优点并积极放大，由此逐步积累德育的正能量，最后才可能改变一个学生。

宽严有度，爱而有节

吴军潮

导读

德育是要促进学生人格健全发展的，这是所有教师的责任，不只是班主任的事。一旦学生的人格偏离正轨，教师不可疏忽，一定要抓住不放，直至问题彻底解决。一味的宽容是放纵，宽严有度才是真爱，爱而有节才是真德育。

小 A 同学满脸通红，对小 B 同学咆哮道："你闭嘴，小心我打破你的头。"小 B 嘴里依然嘟囔着："本来就是，你跑了个小组最后。"小 A 几步冲过去，一手抓住小 B 的衣服，一手举起了拳头，眼看就要打下去。

同学们都被眼前的情景吓住了，不知所措。我见势不妙，大喊一声："别动手。"我冲过去，伸手挡在小 B 身前，另一手挡住小 A 同学。小 A 同学已经进入青春期，身高体重和我差不多，再加上处于暴怒中，连我都被推搡得趔趄了几下。我连连大喝："松手，松手。"后来，在同学的帮助下，小 A 同学才被拉开。

这是岁末的一天，我照例在操场上上体育课——六（7）班的耐久跑。今年冬天出奇的冷。课前我就想，一定要让学生们克服困难，不怕寒冷。学校田径队刚好在昨天参加了区级长跑比赛，小 A 是参赛者。我决定以小 A 为榜样，隆重地介绍一下他的事迹。

上课开始了，同学们四列横队格外整齐。我说："同学们，今天是今年最后一节体育课，我们上耐久跑。我们班小 A 同学昨天刚代表学校参加了区级长跑比赛，他平时在老师的指导下刻苦锻炼的情景大家都看在眼里。"我话还没说完，角落里就传出了讥笑的声音："他跑了个最后。"我一看，是小 B。全班都随着小 B 的声音议论起来。于是，发生了开头的一幕。

小 A 此时十分激动，随时准备暴揍小 B 同学一顿。我分开他俩后，首先把小 A 叫过来，嘱咐他冷静，先回教室休息，并派平时与他关系较好的同学陪他回去，其他人照常上课。我也没有批评小 B。

下课后，我留下几名同学，了解事情的前因后果。原来，小 B 个子比较小，一至五年级都是班里跑得最快的，也比较受体育老师重视，以前每年各类区级以上比赛都是他代表学校去，哪知道半路杀出个程咬金。小 A 一直很努力，今年随着身体进入青春期，速度更是了得，不但进入了田径队，还把小 B 甩得远远的。

这下小 B 受不了了，私下里几次找老师要求去参赛。老师说长跑以快慢决定谁去，而小 B 跑不过小 A，没法让他参加。比赛刚结束，他就向田径队成员打听小 A 的比赛细节，当听到小 A 名列小组最后时，他如获至宝，随即在班内大肆宣传。小 A 已经忍了很久了。小 A 特别爱面子，容不得别人说什么不中听的话，轻则面红耳赤，重则挥舞拳头。

了解了这些，我心中有了底。

我找到小 A，先肯定了他为学校荣誉奋力拼搏的精神，然后告诉他："要看到人外有人，天外有天，体育活动重在参与。今天课上你要打同学，问题很严重。以拳头解决同学之间的矛盾，破坏了同学关系和课堂气氛。"

经过我的耐心劝导，小 A 逐渐认识到自己的问题，承认自己的做法有失理智。

随后我找到小 B。他有些害怕，毕竟自己大漏嘴说出了人家的心痛处，惹得同学既没面子，又害得自己险些吃拳头。我说："嫉妒心理不可要。嫉妒是一种负能量，不但伤害他人，给人际关系造成极大的障碍，最终还会损伤自己。"小 A 似乎明白了。我顺势写了几句话，让他及时自我提醒："嫉妒只会损人损己。客观评价自己。人固然应该喜欢自己，但还要客观地看待别人的长处。"小 A 拿着纸条离开了。

以后的体育课，我特别关注着他俩的表现，进行后续跟踪。后来，他们冰释前嫌，还在一个小组内合作学习，和谐共处。

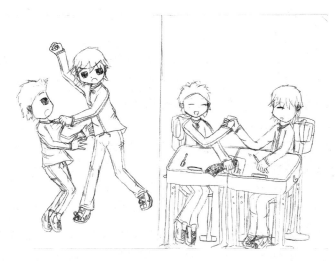

六(6)班　傅婉淇/绘

　　德育是要促进学生人格健全发展的，这是所有教师的责任，不只是班主任的事。一旦学生的人格发展偏离正轨，教师不可疏忽，一定要抓住不放，直至问题彻底解决。一味的宽容是放纵，宽严有度才是真爱，爱而有节才是真德育。

　　德育的美妙，是用行动创造出来的。

数学课上的"幺蛾子"

郝晓红

导读

"坏"是孩子的专利，我们要冷静地对待孩子的"坏"，宽容比惩罚更有力量。对人宽容是一种美德，而对孩子宽容，还是一种教育艺术。

M是全年级有名的捣蛋鬼，刚一接班就听说过很多关于他出"幺蛾子"的故事。果不其然，我们之间还没有过正面的交往，他便在课上控制不住地折腾：一听不见、看不清就往讲桌前跑；每次回答问题都和其他同学争抢，抢不着就喊不公平，骂同学臭显摆；如果问题他不想回答，就会大声嚷嚷误导站起来的同学说出错误答案……总之，在他心中，他是全班最聪明的，别人都不行，所以总是当仁不让。

对于老师，他也同样不放在眼里，因为他的父母、祖父母全是高级知识分子：妈妈学历最低，是研究生，其他都是博士或博士后。对于我这样一个教小学的研究生，他当然不放在眼里。

针对他在班里闯的祸，我和班主任与他的家长联系过多次，但都收效不大。他的家庭强调自主，对于孩子成长中的问题不愿管得太多。所以孩子每次也都是不痛不痒地从家里回到学校，又回到他原来的状态，启动新一天捣乱的程序。怎么办？我们不能一味责怪家长的放任，只有想办法改变他，让他有意识地去接纳别人，尊重别人。

一次数学课上，我打算和孩子们一起探索如何用计算器算出回文数。课前，我通过让学生们体验回文引入课题。学生们举了很多回文的例子，如

"雾锁山头山锁雾"、"上海自来水来自海上"等等。每说出一句，孩子们就会从前往后再从后往前读一遍，从而体验回文的艺术性和趣味性。正当学生们沉浸在品味回文的乐趣中时，M学生突然举起手说："我在黑板上写一句话，你们能像刚才那么反着读吗?"说完他便走到前面，在黑板上写下了"我的生字表"这几个大字。所有的学生便都异口同声地正着读，然后开始反着读："表字生的我。"

六(5)班　李慕桐/绘

话音刚落，教室里便立即炸开了锅。有的哈哈大笑，有的愤怒地喊叫，还有一个很讲礼貌的学生脸红脖子粗地站起来，大声提醒我说："老师，M骂人!"我慢慢地收拢脸上的笑容。可是就在这一刹那，我分明看到，M半缩在椅子上，身子使劲往后靠，双臂合叉在胸前，眼睛直勾勾地盯着我，等待暴风骤雨的袭来。我立刻将目光划过他的座位，假装没看见，然后冲着那个站着的同学一边整理笑容一边挥挥手："坐下。"

愤怒的声音小了很多，笑声依旧延续。我知道，不能过于简单地处理这件事，弄不好不仅会伤了M的自尊心，而且也会激起其他同学对他的憎恶。我尽量放平心态说："这是一个多么典型的反例呀! 如果是回文，我们会发现正着读倒着读意思完全一样;可是如果不是回文，正反读出来的意思就相差甚远了。"同学们频频点头。然后我提高声音说："通过刚才的例子，我们也可以看出我们的前辈创造回文的艺术功底和文字功底，'失之毫厘，谬以千里'呀。"这一次我用眼睛盯着 M，并把最后一句话说得特别重。他的目光闪动着，慢慢地把身子坐正了。

大家一起拿出计算器，意犹未尽地和我一起算起了回文数。

"捣蛋鬼"的"幺娥子"就这样被我轻描淡写地处理了。我的"漫不经心"与"泰然自若"让 M 感受到了宽容，保住了自尊，同时也引发了他暗暗的自责。

任何一种外界施加的管教，也没发自内心的自省、自责与自我约束更有力量。课下我并没有找 M 再谈过此事，但他确实在变，在向好的方向转变。

德育有时需要爱憎分明，有时又要故作糊涂，但都需要遵守一个原则，那就是让学生认清和向往"好的自我"，疏远"不好的自我"。

悦纳每一个学生

姜国明

导读

　　课堂学习中遇到问题怎么办？是不懂装懂还是勇敢地提出自己的困惑？答案不言自明。但很多时候学生往往不会在课堂上提出问题，因为他们要承受被教师指责和被同学嘲笑的风险。如果他们有一次这样的经历，那么他们很可能在今后的课堂上就会变得"沉默寡言"，严重的甚至会对这门课产生反感和抵触。因此，我们要悦纳每一个学生，以及他们提出的各种稀奇古怪的问题。

"老师，我没听懂"

　　一天的数学课上，我和学生们正在就《分饼》一课展开热烈的讨论。分数的知识是学生在小学阶段理解起来最困难的知识之一。为了让学生更好地理解本课的知识要点，我自认为作了很充足的准备，从每人分到几分之几和每人分到几张饼两个角度，让学生理解、区分分数既可以表示关系，也可以表示具体的大小。小组合作、个人辩论等方式一一用之，个人感觉学生对分数的理解有了进一步的提升。正当我沉溺在一种"小满足"的喜悦中时，一个瘦小的身影高高地举起了他那瘦弱的手臂，这是小非。脆生生的声音在教室内响起：

　　"老师，我没听懂。"

　　"你哪没听懂？"

　　"我哪都没听懂！"

　　教室内响起了学生们的哄笑声。

我一阵头大，迟疑了片刻："你是不是不能区分分数什么时候表示关系，什么时候表示数量？"

"对，您刚才讲的将 5 张饼平均分成 4 份，每人得到 5 张饼的 $\frac{1}{4}$，每人得到 $\frac{5}{4}$ 张饼，我就没有听懂。"

"一共分成了 4 份，每人得到其中的一份，每人得到的不就是 $\frac{1}{4}$ 吗？（我又指着屏幕上的课件）每人得到 5 个 $\frac{1}{4}$ 块，不就是 $\frac{5}{4}$ 块吗？懂了吗？"

"没有。"（这时教室内学生的哄笑声更响了，窃窃私语声不绝于耳）

小非的眼圈红了，小脸涨得通红，都快要哭出来了。我把他搂在怀里，对学生们说："我很佩服小非同学的勇气，不是每个人在面对问题时都能勇敢地提出自己的困惑。在这一点上，小非同学做得比大多数同学都要好，甚至比老师都要好。"

这时小非的泪水已经流了出来，全班一片寂静。我话锋一转："在一个人遇到困难时，他肯定特别期待有人能够帮助他，这时你是横眉冷对、袖手旁观呢，还是热情地伸出你的双手拉他一把？谁能帮助小非同学解决他的困惑？"小手如雨后春笋般冒了出来。

把 12 个圆片平均分成 4 份，每份占（　　），每份是（　　）个。

把 8 个圆片平均分成 4 份，每份占（　　），每份是（　　）个。

把 4 个圆片平均分成 4 份，每份占（　　），每份是（　　）个。

为什么分的圆片个数不一样，但每份都占 $\frac{1}{4}$ 呢？

为什么都是 $\frac{1}{4}$，而每份的个数不一样呢？

……

在我的引导和同学们的帮助下，小非终于解决了自己的困惑。当小非"噢，我明白了"的声音响起的时候，教室内响起了热烈的掌声，小非的脸上也布满了灿烂的笑容。

当有不懂的问题时，直接提出来，寻求老师和同学们的帮助是一个难能可贵的品质，应当给予保护和鼓励。不懂装懂，只会使自己不懂的地方越积越多。

他在课上涂鸦

班中有一个酷爱画画的男孩叫小典，无论上什么课都很少抬头听讲，总是拿出一张纸，在上面偷偷地涂涂画画。不得不承认，他画得很好，很受同学们的喜爱，帅气的他俨然成为不少同学崇拜的偶像。最近可能受到游戏《植物大战僵尸》的影响，他迷恋上了画僵尸，"铁桶僵尸"、"撑杆跳僵尸"等都画得惟妙惟肖。但作为教师的我，看到他总是利用课上的时间在那涂鸦，不禁心里暗暗着急。有这种上课习惯，等上了初中、高中可怎么办？找他谈话、寻求家长帮助等全然无效，他依旧不为所动，仍然沉溺在画的世界中。

五(6)班　关　点/绘

堵不如疏。是否能在他喜欢画画这件事上做点文章呢？我决定尝试一番。我把他叫到办公室，交给他一个崭新的本子，对他说："从今天起，老师允许你在课上画画。"

听到这句话，他的眼睛立刻放出光来。

我接着说："但是你不能只是简单地画，我有一个要求，只要你能做到，你就可以光明正大地在课堂上画，而不必偷偷摸摸了，怎么样？"

"什么要求？"

"你要把课堂上所学的知识融到你的画中。这可不是一件简单的事，想好了再答复我。"

"没问题，我能做到！"

从这以后，我信守承诺，允许他在课上做他最喜爱的事。他呢，俨然成了一个小忙人，时不时地抬头看看黑板，然后又低头"奋笔疾书"。坚持了很长时间以后，他的注意力有了很大的提高，学习成绩有了明显的提升。

渐渐地，可能他习惯了这种方式后，又感到厌烦了，积极性明显没有以前那么高了，又回到他原来那种"天马行空、随心所欲"地绘画中去了。看来，我得继续寻找他新的兴奋点了，继续把他的积极性调动起来：让他每节课后把自己的画给同学们晒一晒；让他将每节课的知识点编成一个小故事画出来，讲一讲……

孩子的兴趣应该保护，孩子的习惯应当培养，鱼和熊掌能否兼得？这是一个充满智慧的问题，需要教师运用自己的智慧去解决。

为学生战胜自己而教

任海江

导读

闷在室内的花儿永远不会那么健康，当教师的应主动伸手推开那扇窗，让"外面的阳光和新鲜空气"进入课堂，那是心与心的呼唤，爱与爱的互换。让我们多付出点爱，让我们的爱飘进孩子们的心田，让学生自由地呼吸，让健康、阳光、快乐和自信永伴！

只有差异，没有"差生"

苏霍姆林斯基说过："只有在学习上获得成功产生鼓舞的地方，才会出现兴趣。"所以在课堂教学中，教师要想方设法让每一位学生都能获得成功，从而激发、鼓励学生，增强其成就感和自信心。

在我的教学实践中有这样一个小例子。那是一次立定跳远的教学，我设计了"小青蛙回家"的情境，把学生分成几个组，让他们头戴青蛙头饰在操场上进行比赛。教师组织引导，学生练习，同学们玩得很开心。时间不长，有一组学生就向我提出意见："老师，我们组的同学个子小，还有几个胖子，跳不远，别的组同学个子高，我们比不过……"我这时才发现，自己忽略了一个问题，那就是学生在身体形态及能力上存在差异，如何进行这种身体条件差异很大的比赛，又如何能调动学生的积极性呢？我让所有同学都集中过来，针对这一问题展开讨论。

突然，一个学生说："老师，我的个子矮，弹跳力也没有别人好，但我可以自己和自己比，只要能每次超越自己就行。"由此，我重新设计了比赛方法：比赛前每位同学在地上做个标记，然后向前跳 3～5 次，再做个标记，向后转再跳 3～5 次，看是否能回到原来的位置，看看是超过了，还是没跳到。如果超过了，说明第二次跳进步啦。学生不断反复，不断超越自己。以此来衡量学生是否进步，大大增强了学生的自信心，激发了他们的练习兴趣。他们在练习中品尝到了成功的喜悦。

在教师的眼中，只有差异没有"差生"。学生的智力状态、身体条件和学习水平各不相同，在教学中我们对学生要多作纵向比较，少作横向比较，帮助学生树立自信心，使每个学生都能学有所成、练有所获。

帮助孩子创造超越自己的机会，是一种高超的教育智慧。

别样的关爱

老师是学生的镜子，学生是老师的影子。身教重于言教，体育教师不仅要具备较强的专业素质，还应发挥自身优势，走进孩子们的心灵。

我碰到过这样一位女孩子，她身体素质较差，协调性不强，很不自信，胆子也小。我经常找机会鼓励和帮助她，和她聊天谈心。在一次支撑跳跃课中，我优美、标准的示范动作赢得了学生们的阵阵掌声、惊叹声，同时也鼓舞着他们。学生们个个摩拳擦掌想展示自己的能力。一个又一个学生在热烈的掌声和赞叹中完成了动作，当轮到这位女同学时，她战战兢兢、步点错乱地跑到踏板前，紧张地看着我。我轻松地说："你能行！来，试一试。同学们在给你加油呢，没问题，你会过去的。"通过几次尝试，她在我的帮助下终于完成了动作。

体育课后，这位女同学细声细气地问我："老师，我小的时候经常发烧，妈妈常抱着我去打针，你也是这样吗？"我笑着回答："是啊，老师小时候也经常发烧，体弱多病，身体还不如你好呢。"她又问："那你小时候身体不好，怎么会当上体育老师呢？"我说："虽然我小时身体不太好，但是我喜欢体育课，课后积极参加体育活动，并给自己设定了目标，所以我的身体慢慢变得强壮了，而且成为一位体育教师。"她会心地一笑，一蹦一跳地走了。

在以后的体育课中，我发现她充满活力，一改往常退缩的现象。不论是在小组合作学习中，还是在独立练习中，她似乎有使不完的力量，失败了，重新开始，不懂就问，有些动作显得牵强、滑稽，但丝毫没有退缩。她还时常向我汇报自己的进步。

此后，只要她有一点进步，我就及时鼓励、表扬，并请同学们分享她成功的喜悦。久而久之，意想不到的事情发生了，她变得自信、勇敢，有几次还给同学们做展示，成为体育佼佼者。

由此我悟到，教师的鼓励与关爱多么重要！一个能够感受到教师关爱的学生，将会变得自信、充满活力、朝气蓬勃、积极上进。

让自信发芽

那天上二（3）班的 50 米测试。同学们四人一组，测试在有条不紊地进行着。突然，我发现有一个女同学在跑的过程中，不时地用手去捂自己的眼睛。等她跑近了，我才看清又是那位又矮又瘦的小女孩。平时，在进行 50 米加速跑训练时，她曾经用手捂过自己的眼睛，当时我以为那只是她淘气的举动，就没放在心上，没想到今天测试她还会这样！等她跑到终点时，我叫住了她。她惊恐地看着我，我的气顿时消了。我蹲下身，用手抚摸着她的头，和蔼地说："今天我们是在测试呀，你用手捂住了眼睛，怎么能跑快呢？况且这样跑是很危险的！"谁知她向后退了退，说："我……我……我害怕！"

我愣了一会儿，说："别害怕，要相信自己，你先看看别的同学是怎么跑的，然后你和你最好的朋友再来跑一次，老师相信你一定会成功的！"她还在犹豫，我接着说："同学们，我们大家一起给她鼓鼓掌，加加油，好吗？"

五（2）班　瓮欣锐/绘

在同学们的掌声和加油声中，她和她的好朋友重新跑了一次。这一次，她只用手捂了一下眼睛，但很快放下来了。当她跑到终点时，我大声说："瞧，你成功了！"她也露出了喜悦而又羞涩的笑容。我知道，她的信心刚冒了一个小芽芽，还有些稚嫩。我随即调整了教学内容，让她带领已经测试完的孩子围绕操场进行放松跑。之后，又让她带领一组孩子一起做游戏。操场上又响起了她自信的笑声……

　　看见这个瘦弱的学生找回自信，战胜了自己，我也感到幸福。是的，多一点耐心，多一点爱心，多一点信心……教育的美妙就这样发生了。

孩子，请高高地举起你的手

许长亮

导读

好孩子是夸出来的，一句简单的鼓励，一个肯定的眼神，看起来微不足道，但对缺乏自信的孩子，可能会产生不可思议的影响。在教学中，我们应该尊重学生的差异，寻找合适的契机，用鼓励、耐心帮助他们建立起自信。德育需要等待，我们要做的，就是用爱去温暖他们，帮助他们，等待他们的改变。

李白说："天生我材必有用。"自信，成就了一代诗仙。信心对一个人来说，是重要的精神支柱，也是激发人上进的内在动力。人在成长过程中，很需要别人的鼓励，尤其是对于那些缺乏自信的孩子来说。

我工作的第一年，就当班主任，刚接班不久，对学生的了解还不是很深。班里有一个叫小朱的小姑娘，蘑菇头，加上身材有点胖，一举一动都显得可爱又略带些笨拙。我发现，她上语文课从来没举过手，点名让她回答问题时，也说不出个所以然来。开始我以为她对知识掌握得不好，但有一次她的表现，引起了我对她的注意。

那次语文课，我给学生讲一首古诗——王维的《鸟鸣涧》。课前已让大家预习过了，有一项内容是自己搜集王维的资料，课上与大家分享。

"关于王维，你知道多少，谁来说说？"我微笑着看着大家，几乎每一个人都举起了手，抢着要回答。

"大家预习得真充分……"正当我要叫人回答时，我发现，就小朱没举手。

我就叫起了小朱："预习作业是昨天留的，你怎么没做啊？你看，大家都举手了，就你一个人没举。"

"老师，我预习了。"她的声音很小。

四（4）班　张元佑/绘

"那你就来和大家分享一下你对王维的了解。"

她站在那，什么也没有说。

一阵沉默以后，我有些生气地说："每次都这样，站起来也说不出来，还是预习得不够充分。"

同学们也你一嘴我一嘴："老师，甭管她，她就那样。""老师，她从一年级就这样，您不用理她。""老师，上课吧，别因为她耽误大家时间。"

这时，我向小朱走去，她低着头，仿佛已经知道老师要来批评自己了。当我走到她面前时，我发现她桌子上摆着王维的资料，明显是已经搜集好了的。我感到很奇怪："你搜集了资料，为什么不举手回答问题呢？老师叫了你，你也不说话。这是怎么回事？"我尽量用平和的语气，可小朱还是低着头，不说话。其他同学又开始"攻击"了："老师，您就甭管她了，她不会。"为了不让她成为班上的众矢之的，我选择了先把这件事冷处理，先放一放。我让她坐下，继续上课。

课下，我把小朱叫到走廊里。我想，她不是不会，不举手肯定有其他原因。在走廊里，她默默地低着头，一言不发，好像犯了非常大的错误似的。我蹲下身子看着她说："我知道小朱是个学习认真的孩子，老师也很喜欢你。你能跟老师说说你上课为什么不举手吗？老师很想帮助你，希望你能把心里的想法告诉老师。"她慢慢抬起了头，眼里噙着泪水，小声说："我害怕我说错了，说得不好，同学们会取笑我。"

我恍然大悟，原来，小朱是一个缺乏自信的孩子，她的内心很希望得到别人的认可，但又怕自己做不好。看着这个可爱的孩子，我下定决心，一定要帮她重拾信心。

这天晚上，我和小朱的家长通了电话。从她的家长那我了解到，小朱是个自尊心极强的孩子，而且不太会与其他人沟通。因为缺乏自信，所以很多事她都不敢去尝试。沟通之后，我深刻认识到，知识可以努力去学，如果一个人失去了自信，对她以后的学习生活会有很大的影响。我必须帮的小朱建立起自信。我也和他的家长交流，希望他们能配合我，多与孩子谈心，家校合作，一起努力，等待小朱的改变。但建立自信这件事，必须有老师的鼓励和合适的教育契机。在接下来的日子里，我开始了帮小朱建立自信的计划。

在此后的课堂中，我试着放大小朱的优点，先是找一些简单的问题点名让她回答，只要她答对了，我就在全班同学面前表扬她，树立她在班中的好形象。随着我的表扬，同学们也渐渐关注她，爱和她在一起玩了。她取得进步后我都会及时肯定和鼓励她，每次得到我的表扬，她都十分兴奋，眼睛都亮亮的。慢慢地，小朱开始主动找我谈话了。我跟她有了一个小约定，只要是自己会的问题，一定要举起手来。她欣然答应了，还回家和父母说，老师特别看重她。她进步很大。

一个月后，期中考试来临了，因为她成绩本来就不错，加上这段时间我对她的鼓励，她学习更加努力了。这次考试之后，她的成绩跃进了班里的前五名。在语文试卷分析课上，我当着全班同学的面为她竖起大拇指并且告诉她："小朱，你很棒，进步非常大，以后上课的时候，要经常举起手来哦。"从她眼神中，我看到了她肯定的回答。

果不其然，在接下来的日子里，小朱课上举手的次数明显增加了，站起来也能落落大方地回答问题了，课下的笑声多了，与同学的交流也多了。看到她的改变，我第一次有了成就感：教育这件事，真是很神奇。

记得来学校作讲座的赏识教育专家曾桂安老师说过："好孩子是夸出来的。"对缺乏自信的孩子，更应如此。在教学中，经常会遇到缺乏自信的孩子，我们应该尊重学生的差异性，寻找合适的契机，用鼓励、耐心帮助他们建立起自信。德育需要等待，我们要做的，就是用爱去温暖他们，帮助他们，等待他们的改变。

　　一句简单的鼓励，一个肯定的眼神，看来微不足道，但对于缺乏自信的孩子，可能会产生不可思议的影响。对于孩子来说，知识技能不是第一位的，"健康、阳光、乐学"才是最重要的，这也是我们小学教育培养学生的目标。多给孩子一些鼓励，就会使他们多一分自信。因为自信，他们将战胜挫折；因为自信，他们将更热爱生活；因为自信，他们将走向成功！

让每个孩子有尊严地站起来

王　峰

导读

当为学生打开一扇窗时，学生可以看见更广阔的天空；当帮孩子树立了信心时，孩子可以以个体的姿态行走得更远。每位教师都愿意做学生成长的引路人，但如何引领才能让学生更有主体意识，值得我们每位教师去追寻。

这课堂上的臭鸡蛋真是臭极了。学生大声地寻求帮助："老师，快把窗子打开吧，（我们）都要熏得晕过去了！"

课堂上怎么会有臭鸡蛋？这是一节科学课？……

这是学生在演讲，语文课。为了锻炼学生的口语表达能力，近来我们班一直在开展演讲活动。一个月前，我就将任务布置了，并提前两个星期向学生搜集了每人所讲的题目，还按照现有的小组顺序进行了编排。

一个又一个孩子上台、演讲。对那些勇气不足的孩子，我就多加鼓励；对那些敢于展示却方法不当的孩子，则加以指导。"你演讲的主题很好！""你准备很充分！""你语言很生动！"……在我的带动下，学生开始进行自主评价，每次都由两名同学进行点评。同学们的演讲水平有了很大的提高。

今天轮到班级的一个男生演讲了。他叫小康，平时少言寡语，但这次听家长说，最近一个月孩子精心准备，每天都在练习，越是临近演讲越是紧张。演讲终于开始了，小康演讲的主题是气味——因为之前有人提出，有的同学过分依赖PPT（幻灯片），导致PPT出了问题就没法讲，所以小康索性抛开了PPT的束缚。从理论到例子，小康讲得详略适当，大家都聚精会神地倾听。

临近结束，他给了我们一个"意外"。小康举了一个气味的例子，说："如果你们闻到了臭鸡蛋的味道你就知道了。"同学们就开始议论了，有的说没闻过不知道，有的表示质疑。这时小康没有了刚才的自信，显得有点窘。我是在此时喊停，还是为了他好不容易建立起来的自信心而"喝止"其他学生呢？正在我犹豫时，小康望着我说："老师，我带了臭鸡蛋，能打开让同学们闻一闻吗？"还没等我思考好，有的学生就喊："老师，让他打开，我们验证一下。"有的女生则反对："老师，千万别让他打开，肯定特别臭，一会儿咱们教室就没法待人了。"我一时不知如何是好。但是看到小康那期待的眼神，想到他那好不容易建立起来的自信，我决定支持他："打开，让同学们闻一闻，咱们也要有'行胜于言'的精神呀。"受到鼓励，小康赶紧回到座位上拿出一个小药瓶。他又来到讲台旁，用眼神询问我到底要不要打开。"快打开，让大家闻闻。"只见他慢慢地打开了瓶盖，一股臭气很快就冲进了我的鼻子，很快全班同学都开始捂鼻子了。

这就出现了前面的一幕。

不断有同学说"太臭了"、"快把瓶盖拧上吧"……小康此时眼里充满自信。我让孩子们打开门窗，小康也拧上了瓶盖，臭味渐渐散去。

总结时，我赞扬小康准备认真，形式有创新。

一个月后，我和小康的妈妈进行了一次沟通。他妈妈说，自从那次演讲受到我的鼓励后，小康状态很好，学习有了很大进步。她还说，小康很早就开始准备这次演讲，而且还就是否带臭鸡蛋和她讨论了好几次，犹豫再三，最后还是带了。听了家长的话我很惭愧。作为一名老师，我做的只是让孩子能够尽情地完成演讲，而且希望能够有所提高。但在孩子的眼里，这是对他的自信心的最好滋养。

此后，我开始反思我应该如何去激励学生。巴特尔说："爱和信任是一种伟大的神奇的力量。教师充满友爱和信任的眼光，哪怕是仅仅投向学生的一瞥，幼小的心灵也会感光显影，映出美丽的图像……"学生能否持之以恒地学习，与教师的信任程度密切相关。当学生站起来不能流利回答问题的时候，教师投去一个期待的目光，说一句信任的话语，帮助他成功一次，也许他就放松了，自信了，说不定还会给你一个意外的惊喜。试想如果没有这样一次演讲，又有谁会知道一个这样内向的男孩，是这样认真准备，这样渴望被认可，这样期待展示自己呢？

苏霍姆林斯基说过："我们越是深入学生的内心世界，体验他们的思想感情，就越体会到这样一条真理：在影响学生内心世界时，不应该损伤他们心灵中最敏感的一个角落——人的自尊心。"

让我们用信任、赏识的眼光去接近学生吧，并由此深入他们的内心世界，做他们的知心人、他们自尊的守护者，让他们自由、自信地站立起来，去创造人生的奇迹。

给学生留"面子"

薛 晨

导读

　　细致的爱有很多种。在陪伴学生成长的道路上，教师的"为"与"不为"只在一念之间，但并非所有的"行为"都能以"教育行为"自居，有时"不为"更是一种爱——正如国画中的留白一样，意味深长。为了能让学生的心灵产生共振，我们走在思考与实践的路上……

　　没有爱便没有教育。爱有很多种：为学生理理没有整好的衣领是一种爱，和颜悦色的启发、润物无声的教导是一种爱，疾风骤雨般的批评也可能是一种爱……而我今天要说的是，有时候，对有些学生，故意忽视其错误也是一种爱。

　　"忽视"并非视而不见，而是一种谨慎的变通。

　　我们学校每年都会有"家长开放日"活动。这一天，家长可以带着心中的一个个小问号走进美丽的附小校园，坐在自己孩子的教室中，与同学们共同度过一天的学习生活。

　　他叫小徐，瘦瘦小小的个子，长着炯炯有神的小圆眼，短短的头发显得很精神，第一眼看上去就让人觉得这孩子一定很聪明。然而，他在课堂上只喜欢听自己感兴趣的内容，如果授课老师未能"投其所好"，他便习惯于在桌子里藏好一本课外书，偷偷地低下头，忙着开始自己的"阅读之旅"了。

　　正是这个小徐，在家长开放日那天，让我看到了一件事。

　　我作为语文老师兼班主任，恰好也和家长们一起看孩子们上第二节数学课。随着学校小组合作学习方式的推广，小组讨论、汇报的形式早已成为孩子们熟悉的交流学习方式。这节数学课也不例外，经验丰富的刘老师将一个

"共研"问题抛给各个小组。三分钟过去，各组同学高举小手准备汇报时，戏剧性的一幕发生了：小徐的小组共四个人，除他之外，其他三个同学都举起手准备回答，而此刻，他着急地冲着他们大喊："不许举手！谁敢举手？"那三名同学似乎没听见小徐的喊声。原来，数学课上的这类问题是由小组同学全体起立并合作汇报的，而小徐刚才完全沉浸在自己的"阅读"中，根本没有和组员一块儿思考问题。于是，他担心起立后说不出来，会特别难堪。于是，他想到的解决办法就是制止自己小组的其他成员回答这个问题。

五(1)班　李嘉禾/绘

全班同学的目光都集中到了小徐这一组，家长们也开始在教室后面小声地议论。这可是家长开放日啊，作为青年教师的我，多想展示班级工作最好的状态啊！该怎么办？喝止？写纸条提示？用眼神暗示？我似乎感觉到，身边的家长也把目光投在我身上，准备观察我是怎样处理这个突发事件的。

是啊，怎样处理？

接这个班一年多了，在这个过程中，我发现，小徐确实是名成绩不错的学生。每次考试前，仿佛没怎么费劲儿，他就能考90分以上。而他的个性，我和全班同学又再了解不过：任性，挑剔，不懂得感恩和赞美。

我告诉自己：这个学生自尊心特强，他敢于如此肆无忌惮地表达他的不满，从心理学的角度来看，是逆反心理的一种表现。这一类学生往往自尊心很强，容易把他人的某种举动与是否尊重自己联系起来。且由于生活经验有限，他们自我控制能力还比较差，听不进别人的批评意见，一受批评就容易产生对立情绪。长此以往，对他们的身心健康和交往能力发展是十分不利的。

然而，这毕竟是课堂，此刻立即采取任何举措都不一定合适。我们在引导学生小组合作的时候，为什么不能允许他们在合作中发生矛盾和冲突呢？掩盖或简单地平息冲突真的是最恰当的方法吗？立刻用老师的权威压制这次小矛盾，老师的面子能得以保全，而即便是在家长开放日这个特殊的时间点，老师最需要的，真的是面子吗？

诚然，教育需要批评，教育离不开批评，但是，当学生尚未冷静下来时，没必要非弄个水落石出。点到为止，实行"冷处理"，看似不了了之，但有助于对学生心灵的透视、引导。

诚然，教育需要及时性，但"及时"有个重要的前提，那就是方法得当。为不影响全班同学的课堂学习，此刻并不适合个别教育。我的处理方法很简单，找到小徐在班级中最好的朋友小李，和小李把问题说清后让小李以朋友的身份在课间休息时谈起那件事。当同伴以聊天的方式和他谈起那件事时，小徐很快意识到自己在课堂上的行为不合时宜。我也很高兴地在办公室看到了来向我说明情况的小徐。尤其令我欣慰的是，小徐是自己主动来的。

在以后的教学中，我继续关注他。他也经常到办公室，主动问我有没有什么事需要帮忙。无论在什么地方碰到，他都会笑眯眯地和我打招呼。在这学期的家长会上，我开诚布公地与大家分享了这个故事，没想到家长们也认为这是真正尊重孩子的做法。

有人说："难教育的孩子，都是具有强烈自尊心的孩子。教育者就是要千方百计地保护孩子最宝贵的东西——自尊心。"苏霍姆林斯基曾经有个十分精彩的比喻："要像对待荷叶上的露珠一样，小心翼翼地保护学生幼小的心灵。"晶莹透亮的露珠是美丽可爱的，却又是十分脆弱的，一不小心露珠滚落，就会破碎，不复存在。每个人都有自己的自尊心，特别是孩子。在孩子的成长过程中，再没有比自尊心更重要的了。学生的自尊，需要教师的倍加呵护。对于像小徐这样的学生，有时候，对他们的错误不要锱铢必较，适当地"忽视"，以一种宽容的态度去认识和看待，让他们在你的欣赏中自我教育、自我成长。这也是一种爱，也是一种真正的、成功的德育。

怎一个贴画了得

王奇志

导读

奖励是教师教育学生的一种手段，更是一种育人艺术。奖励可以是口头的赞美，也可以是一个点头，一个微笑，一个手势，一个眼神。教师应该根据学生的年龄特点，不断地更新奖励机制，科学合理地对学生进行奖励，使学生更好地在乐中学，学中乐。教育需要奖励，学生希望得到奖励。

在《教育漫话》这本书中，我看到关于儿童奖励的一段话："用儿童心爱的事物去奖励儿童，去讨取儿童的欢心，应该同样小心地避免。"我们应不应该给孩子一定的物质刺激？必要的奖励还是应该给的，教师一定要掌握一个度，否则会养成孩子对物质的依赖。适当的奖励有利于良好个性和优秀品质的形成，也有助于孩子能力的发展、知识的积累和审美情趣的培养。

最近一段，我发现孩子们的学习热情不如以前那么高了，在课堂上的表现就是不爱举手发言，常常有孩子在课堂上走神或说小话。正巧这个单元我们学习形状，我买了许多形状的贴画。看到孩子好像晒蔫了的花一样无精打采的，我随手撕下一张贴画粘到了一个积极发言的孩子的书上。这招真灵，学生们个个都来了精神头，争先恐后地要发言。正当我要把贴画收回去的时候，只听见一个女孩以近似哭声的大叫："老师老不叫我，为什么总不叫我？不公平，不公平，讨厌！"我寻声找到了这个女孩，大吃一惊，她是课代表，学习非常好，平时文静，没想到因为一张小贴画就这么情绪激动。

课后回到办公室，和老师们聊起了给学生发贴画的话题。有的说："奖品

四（5）班　刘天怡/绘

真禁不住用，刚买的100多块钱的东西眼看就'弹尽粮绝'了。"一位年轻老师说："一个学期下来买奖品的钱不知道自己要倒贴多少，有的班因为发的奖太多，学生的胃口大了，一般的小奖品都看不上。得到奖品的学生兴高采烈，没有得到的垂头丧气，有时真的很影响课堂教学。"

不知哪位老师说："我就不惯这毛病，过去的学生有什么物质奖励？给本上盖个红旗就会让其他学生羡慕半年了。"我说："唉，现在今非昔比，学生会和其他学科作比较，各科的老师都在发贴画或小奖品给学生。"这时另一位老师说："我认为低年级还是要有物质刺激，以激发学生参与的热情，孩子终归是孩子，给点就满足。"

大家七嘴八舌地说着，我的脑子里满是孩子们因为得不到奖品而流露出的失望眼神和抱怨声。

我也常想：调动学生的积极性和兴趣，是否节节课都要给学生发小贴画或奖品？特别是低年级学生，分辨事物的能力还比较弱，一定要让他们清楚学习不是为了一张小贴画、一支笔、一块糖，不能为这些物质奖励而学习。否则，学习就和马戏团里的动物表演没什么区别了。

第二天上课时，我就昨天的事情让学生讨论三个问题：第一，老师为什么要发贴画？第二，我们是否有更好的方式对同学进行表扬和鼓励？第三，同学在课上认真学习、积极发言就仅仅为了老师的表扬和贴画吗？

孩子们对这些话题挺感兴趣，有的说："学习是我们自己的事，我们不能总想着物质刺激，那样我们就没有了学习的动力。"

又有人说："贫困山区的孩子连书都没有，哪里见过什么贴画啊，但他们依然刻苦努力地学习。"

"我们不能每节课总想着老师发什么贴画，这样会走神的。"

"老师发些贴画会使我们有更高的学习热情，但是老师一节课不可能发给所有的同学，请没有得到的同学耐心等待。"

"我们还可以用掌声给同学鼓励和表扬。"

"老师赞美的语言也是对我们最好的评价。"

……

听着孩子们的诉说，我很欣慰。其实孩子明白，学习是自己分内的事，教师不必事事表扬。

同时，我也要好好检视自己的教学方法。对于小学生，教师最重要的任务是帮助他们保持学习的兴趣和养成良好的习惯。教学要让他们不断获得新知识，并能将其成功地运用于实际，及时得到强化。这样，学生就会饶有兴味，学习兴趣就会日益浓厚。低年级的学生，集中注意力的时间非常短，会经常注意力不集中，上课时应该适当穿插一些与教学活动有关的游戏活动。教师在示范时要有丰富的表情，或通过声音的高低来吸引学生的注意力，以提高学习效果。另外，在孩子做出很大努力取得一定成绩时，要及时肯定和鼓励。教师可以通过一个眼神、微笑、手势等让学生感到自己被肯定，促使他们更有信心地去面对学习上的困难。

不能用外在的刺激代替内在的激励。表扬和鼓励，除了物质刺激，还有精神上的肯定，心灵上的交流、信赖。

教育，是要促进每个生命的自我欣赏、自我超越的。

把握好评价的尺度

王 祎

导读

教学无大事，教育无小事。爱身边的孩子们，用眼、用心。你会在以后的为师道路上惊奇地发现：每个孩子都是"金苹果"。

"这学生上课从不乱说话，坐得直，手平放在桌子上，特别好，好学生，有发展。"

"这孩子上课从不安静，老乱动，手就没闲下来过，特别差，坏学生，没前途。"

我是一名科学教师，在一节科学课上，发生了这样一件事。那节课让学生观察泥鳅，有的孩子说是黑色的，有的说游起来很快，有的说看起来它身上很滑，突然一个男孩子站起来说："我看见泥鳅放屁了。"前几个孩子理所应当受到了表扬，而最后一个孩子，有的人说应受到更大的表扬，有的则认为应被批评。

到底该如何评价呢？

我现在来解释文章开头的那两句话。这是我上小学时我的自然老师说过的话，当然，记忆如此深刻，是因为第二句就是对我的评价。事情是这样的：也是上自然课（即现在的科学课），讲溶解。我发现溶解方糖时，要是在升高温度时再加上搅拌，溶解的效果会更好。但那节课老师只是让我们实验出升高温度就能加快溶解，于是我想用实验来证实自己的猜想，就自己设计实验，结果被老师发现，并被给予了第二句评价。

好在，这个老师的评价并没有应验。

我还听过一个语文老师的故事。她的班里有个公认的"笨孩子"叫小豪。别的课，老师基本放弃他。一段时间，在这位语文老师的引导下，班里的孩子们都迷上了背《论语》。半个学期下来，很多孩子已经能背十多章了，小豪竟然也偷偷地背了六七章，但却从来不表现。她知道，要恢复他内心的尊严，必须让他得到同学的认可。她决定以此为契机，找准教育的突破口。她悄悄地找到小豪："明天早上，我们要进行背《论语》比赛。你是老师的好朋友，我只把这个消息告诉你，请你保密好吗？"他一个劲地点头，还郑重其事地和老师拉了拉钩。这位老师用了一点小小的伎俩，和小豪有了一个约定。

　　到了第二天检查背诵。这位老师随机抽查，很多小朋友无论优秀与否，不是举手投降，就是垂头丧气地败下阵来。而轮到小豪背诵时，这位老师充满自信地望着他，接连出了三章，他都背出来了，而且背诵得颇有韵味。看到其他孩子"伸脖、侧目、惊奇，疑是梦境"，这位老师偷着乐了。接着她及时表扬了小豪，又点了他会背的几章。结果每一章背完后，教室里就掌声雷动，小豪的头扬得高高的。那一刻，自信浮现在他的脸上。

　　可见，一个教师的言语对于学生有着怎样的分量。

　　回过头来说评价。

　　前面那些孩子该不该表扬？应该，因为他们按照老师的要求去做了，并且真的去看了，去说了，受表扬无可厚非。但是最后那个孩子该受批评吗？表面看来，他的回答确实有点"俗"，似乎违反了课堂的"儒雅"规定，课堂上怎么能说"放屁"呢？但是我们用自己的身份去想，他是在瞎说吗？我课后去问这个学生，这个学生说，观察时，他发现泥鳅的尾部确实冒出了气泡，他就猜想这个泥鳅放屁了。什么叫"观察"？是"看"后再加上"思考"，才组成了"观""察"。这个孩子如此深入地观察，当然更应该受到表扬。

　　评价学生是一门艺术。孩子会在课堂中表现出各种各样的状态，积极、平静、懒散、排斥，但要知道，所有的孩子都是需要评价的。当然，这个年龄段的孩子，都是在心底向往着好的评价。学生在课堂上的大部分行为，都是想引起你对他的关注。因此，正确的评价显得格外重要。

　　夸不一定会夸出好。一个班级，需要良好的班风。还是用刚才那个泥鳅放屁的实例来说明问题。教师的要求是观察，真正深入地观察的是最后的男孩子，如果他因表达不"雅"得到了批评，而其他学生得到了"应当"的表扬，那将向学生传达一个信息：以"循规蹈矩"划分好坏，只要按老师的意

六（1）班　吴佳忆/绘

思走，"顺着"老师，就会得到表扬；而那些"瞎说的"、"逆着"老师的，都是"捣乱分子"。想一想，这将教给学生什么？

教学无大事，教育无小事。

把握好评价的尺度，教育才会传达出更多的正能量。

让每一个细节都散发教育的意味

王小茜

导读

一次指导同学们玩拔根、写拔根的老活动，同学们精彩的表达给了我很多新的思考和启发。这次"老戏"新唱，为什么收到了如此多的欣喜？我觉得最重要的一点，就是把一个看似简单的活动"立体化"了。一个优秀的教育者，不应把复杂的活动碎片化、简单化，而应把简单的活动层次化、系统化，让每一个细节都散发教育的意味。

"玩玩，说说，写写"的写作训练是我的"惯技"。经过上一个教学班的实践，对于这种教学方式我已有了丰富的经验，上起课来驾轻就熟。

在这美丽的深秋时节，看着校园中满是从杨树枝上飞舞下来的宽大的落叶，再次尝试指导学生玩拔根、写拔根的念头不禁涌上心头。

说干就干，首先布置周二的"体验家庭作业"：回家寻找和挑选自己的"根队"；给自己的"根将领"们取好名字；各小组自己举行初赛，选出获胜队员。

爱玩是孩子们的天性。同学们听后热情高涨，都恨不得立刻行动。

情感投入，趣事多多

自从布置完体验作业后，许许多多的"根家族"就入住到了我们的教室里：在同学们的衣兜里、文具盒里躺着睡觉的是"根宝宝"们；窗台上、桌斗里的饮料瓶里也浸泡着很多"根将领"——同学们在用新式方法给它们做

"浴瓶保养"；就连同学们热乎乎的球鞋里也躲着许多享受"温室桑拿"的选手……

更有意思的是，这些天，同学们见面打招呼的方式都变了，不管是谁，碰面时都会晃着手中的根儿们，兴高采烈地喊着："嗨！来比一比！"课间，同学们也会兴奋地交流着自己的独家养根秘方。

瞧他们那股投入劲儿，我看在眼里，乐在心里。他们这样投入，写作时自然就会不吐不快了！

六(4)班　王小茜/绘

热情不减，精彩多多

终于迎来了星期三下午的两节作文课，同学们早已按捺不住激动的心情，等待着决赛。他们都想让自己煞费苦心，千挑万选得来的，又费尽心思"保养"的"根将"们在课堂中大展雄风，摘得桂冠。

这时我反倒不急了。正是吊他们"胃口"的好时机呢，不能轻易放过。我决定先不举行最后的决赛，而是先让他们将自己"寻根背后的故事"与"养根心得"在课堂上写出来，并和大家分享。

就这样，在激情的促使下，同学们纷纷将自己的深刻体验倾吐于纸上。一篇篇内容丰富、情真意切的文章便畅快地从笔端流淌了出来。

激情澎湃，创意多多

寻根儿、养根儿的故事就已经很精彩了，但是更让人欣喜的环节在后面。俗话说得好："好马配好鞍，好根配好名。"根好不好，先听听名字的较量。因此，第二个环节我设计了"以名赛根"。

有人说："儿童是最有想象力和创意的！"这话一点不假。之前我也尝试过这一环节，当时有些同学的精彩创意让人至今难忘，这次同学们的创意比上次的还要多，还要精彩！

同学们的取名有以利害见长的，什么"见血封喉"、"笑里藏刀"、"黑客杀手"，什么"旋风刀"、"黑色闪电"、"出其不意"等；有以趣见长的，如"老头儿"、"尖嘴鳗鱼"、"海豚将领"、"虎背熊腰"等；还有以美见长的，什么"暗夜的月亮"、"闭月羞花"等：真可谓五花八门，群"名"荟萃！

许多同学在习作的结尾都写到他们很喜欢"以名赛根"这一环节，让他们从中懂得了取名也是一门艺术，只有博览群书，才能有好的创意。

师生同乐，"碰撞"多多

俗话说得好："打铁要趁热。"为了让同学们及时将自己的观察和体验，在情绪高昂的"第一时间"记录下来，并且在班级中交流和分享，最后的"拔根决赛"拖延了一天。

星期四的第一节语文课改成了习作体验训练课。在这最后要决出胜负的时刻，同学们的热情到了极点，都目不转睛地关注着场上的队员。

我深知：这短暂的时刻正是训练同学们的观察和表达的最好时机，因此一定要抓住。这一环节指导学生说得细致了，同学们在习作中要做到描写的"具体和生动"，也就迎刃而解了。

因此，我设计了"场上解说"的练习，让同学们注意观察场上、场下同学们的动作、神态、语言和他们内心的活动。此外，我还安排"小记者"进行现场采访，让他们进行口语交际练习，同时这也可以丰富同学们的写作素材。

有人说："教师要给学生一杯水，自己要有一眼泉。"而我却发现：学生的内心原本就有一眼深泉，我们需要有让它们汩汩而涌的灵动的智慧。

这次指导同学们玩拔根、写拔根的活动，因为同学们非常投入，他们都有自己独特的观察和感受。再加上我有指导的经验，师生在课堂上时刻可以碰撞出智慧的火花。同学们精彩的表达给了我很多的启发，我也可以抓住同学们的闪光点，用丰富的语言将他们的表达进行完善和提炼，随时给他们增添新的表达和创意。

这次"老戏"新唱，为什么收到了如此多的欣喜？我觉得最重要的一点，就是把一个看似简单的活动"立体化"了。一个优秀的教育者，不应把复杂的活动碎片化、简单化，而应把简单的活动层次化、系统化，让每一个细节都散发教育的意味。

听，课堂上的笑声

俞 琨

导读

　　洋溢在孩子们脸上的笑容是最灿烂、最纯洁的。回荡在校园里的笑声是最清脆、最甜美的。随着一天天的长大，烦恼就像爬山虎那样不经意地蔓延开来。因此，教师的一个重要使命就是呵护孩子们的笑容，守住那份发自心底的笑声，最终让快乐郁郁葱葱地占据心头。

　　下课铃响了，教室里依然欢声笑语。动物头饰、蔬菜、雪花等还没来得及收拾，同学们仍在议论着……站在一旁的我感到很欣慰，也很满足。

　　这是我在小学英语故事教学中将戏剧引入课堂后的一幕。今天，我们上演的是一则十分有趣的英文童话故事——*Give and Take*，孩子们表演后的兴奋与快乐全都写在了脸上。"Who gave me the carrot/potato/cabbage…?" "Where did they put them on?" 原本三周后进行的表演，因学生的热情和胸有成竹"被迫"提前一周举行了。藏在桌斗里"蠢蠢欲动"的道具争先亮相，如五颜六色的"leaves"，形态各异的"carrot, potato, grass"，加之孩子们熟练的台词和夸张的表演，足足让他们当了一回"superstars"，台下的"fans"们的笑声和掌声汇成一片。

　　戏剧表演是孩子们乐于参与，善于发挥的形式。儿童英语戏剧融合了"戏剧"的艺术，又呈现了"英语"的内涵，通过表演的方式，让英文的语调及语势、故事的情节等能更生动地表达出来。服装的搭配与道具的烘托，空间的运用与肢体的活动，能引起学生学习的兴趣与共鸣，激发学生强烈的

四(4)班　肖一洲/绘

表现欲。通过轻松、活泼的对话及富有张力的戏剧表现，能达到自然习得英语的效果。在本次戏剧表演中，我们将原文分成六幕。前五幕是课文内容的呈现，第六幕则需要学生自己去编排、演练。我将全班同学分成六个小组，一周的准备时间足以让他们合作创造。通过今天的表演，我们评选出最佳合作小组和最佳表演奖（包括 Rabbit、Donkey、Sheep、Deer、Narrator）。尽管他们的表演还显幼稚，但他们很投入；尽管每个人的台词很少，但他们很用心。看着孩子们自己设计的道具，听着孩子们稚嫩却熟练的对话，欣赏着孩子们带来的白菜、胡萝卜、土豆……我发现，他们是多么想有机会展示自己，多么想自主学习。此时，我所能做的只是支持、帮助和乐在其中。

Give and Take 译成中文是"索取和给予"。课堂上没有任何说教的成分，更没有华丽的结尾。每个小组有十分钟的"舞台经历"，他们用自己对剧本的理解和亲身感受来演绎"给予他人的幸福感"。一切，仿佛行如流水般自然、流畅。恰巧，一周后的元旦联欢会上，孩子们上演了一场真人版 Give and Take，你送我贺卡，我给你礼物，有的还没有署上自己真实的姓名。联欢会结束后，我回到办公室，自己桌上满是卡片、糖果，顿时甜满了心头。从此，我爱上了英文戏剧表演。

《清华一条龙小学英语》教材从 1A 到 6B 每册书的第五单元都分别为学生选择了一篇经典英美文学故事，每一个故事都饱含着深刻的哲理。它们不仅是教师进行语篇教学的原料，是学生用以演练的"剧本"，更"润物细无声"地滋养着孩子们。每个学期末，我都会和学生们一起将故事改编成剧本，将我们的戏剧演出进行到底。

经过多年的训练，孩子们的表演已然"炉火纯青"。来吧，看看《龟兔赛跑》中的真正较量。同学们把英文版的《龟兔赛跑》演绎得活灵活现。对于赛前兔子的挑衅——"I'm sure I will beat you. Don't cry if you lose"，有的把"sure"重读表现兔子的高度自信；有的将"beat you"加强，体现兔子对乌龟的不屑一顾；还有的干脆将"don't cry if you lose"一句拉长，轻蔑、高傲的神情跃然嘴角。学生们的夸张和表现力是他们潜心阅读和自身感悟后的表达。兔子醒来之后的一句——"Where is the tortoise"，同学们也演绎出不同的"版本"：快速读出此句反映出兔子的不以为然和无法相信的态度；"Where…Where…is the tortoise"则显示出兔子的慌张与不安。相反，乌龟的一句——"Let's wait and see"，一字一顿显示出它的不卑不亢。这时的故事已不再是"演"出来的，而是真正从心里"悟"到的。难怪无论是善良的"Cinderella"，美丽的"Snow White"，还是可爱的"Goldilocks"，恶毒的"Witches"，贪婪的"Farmer"，同学们的演出都博得了台下"fans"的阵阵喝彩和掌声。

我们每天都站在课堂上，面对着那么多可爱的孩子们。学生们表演英文戏剧的场景在我脑海中不断涌现，它不仅触发了我对英语教学的思考，也让我对教育工作有了更深刻的认识。首先，几人或多人的表演形式需要较强的合作意识，无论是角色分工还是道具准备，甚至 PPT 的制作都需要团队精诚协作。组长的指挥、调配显得尤为重要，组员间的包容合作也不容忽视。其次，经典的剧目更是教育的范本，学生从中体味到的不仅是真善美，更有成长的味道。我有时想，学生真是我们"教"出来的吗？任何的说教仿佛都那么苍白。不是说"身教重于言教"嘛。其实孩子们通过切身实践获得的体验更多于我们教师的言行。教育无声地蕴藏在教学中，孩子们在课堂上享受"学"的快乐，教师们在课堂上享受"教"的愉悦时，教育的美妙故事也在不断发生着……

　　是的，有欢声笑语的课堂是幸福的，你可以听到学生生命拔节的成长，也享受到教育的美妙……

爱红花，也爱绿叶

王玉梅

导读

聪明、优秀的孩子，人人都喜欢，而那些有着各种问题的"学困生"，却往往让人头疼。其实，我们心目中的"学困生"，也有强烈的上进心，他们也需要我们更多的爱。教师一句鼓励的话语，一个简单的爱抚动作，一个激励的眼神，一个不落痕迹的暗示……都会给他们留下刻骨铭心的记忆，都会在他们心目中荡起阵阵涟漪。

陶行知先生曾说："要爱每一片绿叶，哪怕是有斑点的病叶。"

小宇，男孩儿，身材瘦小，性格软弱，胆小怕事，不自信。动作明显比别人慢，做什么事儿都要跟在别人的后面，组织活动不愿参加。上课呆坐着，不认真听讲，几乎不举手发言，老师提问他也不愿开口，课后不按时完成作业，懒惰，学习上不肯下功夫，考试成绩自不必说。

为了帮助学校里的一些在学习上有困难的学生，学校进行了一项"大手拉小手"的活动，每一位老师都要用自己的大手拉一位"学困生"的小手，使他们在各方面能有不同程度的进步。小宇是典型的"学困生"了，作为他的数学老师，我决定拉一拉他的小手，为他开点儿"小灶"。

慢慢地，我发现他待人热情，心地善良，愿意帮大家做事；下课总爱围在老师身边，和老师聊天，甚至时不时贴在老师身上。我感觉，孩子的这些行为表现一定有缘由。从此，课间课后，一有时间我就和他"唠家常"、谈心，帮助他完成作业、复习功课，还时不时地夸奖他两句。渐渐地，他的话多了起来。有一天，他突然说："我想妈妈了。"

原来，小宇是借读生，平时寄养在别人家里，周末才能回家。他父母离异，跟着爸爸。爸爸做生意很忙，平时很少能照顾孩子，而为了表示自己的爱总是给他买很多东西。他主要由奶奶和姑姑照顾，奶奶很溺爱孩子，他都上学了还喂饭吃。孩子很想念在东北的妈妈，他们只见过一次面。看来，小宇衣食无忧，也不缺少家人的爱，但这些爱里却少了些什么。

知道了这些，我对小宇又多了一份心思。于是，我课间找来更多的小朋友和小宇一起玩耍，也创造一些机会让小宇去帮助别人，让他感觉到自己在班里是很重要的。同时，更多地和他聊天、谈心，帮他分析学习上出现的各种问题，帮他树立在学习和其他方面的信心；并联系家长和其他任课老师一起配合对他进行帮助，让他感觉到家长和老师对他的关注与关爱。

一段时间下来，小宇有了可喜的变化，性格变得开朗了，课间总喜欢和老师、同学们聊天儿，学习的信心和劲头也更足了，课堂上也会主动举手发言了。更让人欣慰的是，在一次比较简单的计算测试中，他竟然得了100分，这对他来说无疑是一次不小的激励。一天中午，小宇兴奋地对我说："王老师，数学作业我已经写完了。"听了这话，我心里暗暗为他高兴，夸奖他说："你真棒。"他马上接着说："就是不知是不是全对。"但他一脸的骄傲。

六（2）班　孙荣坤/绘

是啊，每一个"学困生"，也有强烈的上进心呀！

红花喜人，绿叶也可爱。

让我们用多一点微笑，多一些宽容，多一份尊重，让每一位学生都能自由地、有尊严地成长。

德育要富有生气

王丽丽

导读

悦纳是德育发生的前提。"儿童的道德感必须首先从他们富有生气和纯洁的情感所引起",如果我们按照一个人的本来面目去悦纳他,就给了他一种改变自己的力量。德育中"表扬"和"批评"要并驾齐驱,如果我们的"批评"也能做到生动活泼、如沐春风,那么德育的力量该有多大啊!

有个教育家说过这样一句话:"任何人都没有力量改变另一个人,但如果你乐于按照一个人的本来面目去接受他,你就给了他一种改变他自己的力量。"

悦纳每一个学生是德育发生的前提。

2011 年 8 月 31 日,这一天我永生难忘——我教师生涯的开始。我的内心充满了激动,更充满了好奇:我们班的每一个孩子究竟是怎样的?我见到他们的第一眼,应该说什么……正在天马行空的想象着,"丁零零",电话响了。我抓起电话,是我们班小 A 的妈妈。原来,招生时,她向学校隐瞒了孩子不能长时间走路的事实。她在电话里说道:"孩子目前行走要靠轮椅,而且需要专职保姆看护,还请老师多关注。"当时我脑子"嗡"的一下,不知道该如何应对。但我还是稳住情绪安慰家长说:"您放心,我知道孩子的情况,咱们提前作些准备,让孩子明天开开心心地来上学。"

第二天,孩子和家长们陆陆续续入校,我微笑着问候,招呼他们坐在相应的位置上。终于,一位妈妈推着轮椅,向我走过来。我微笑着,热情地和他们打招呼，可是轮椅上的孩子却丝毫没有反应，眼睛也不看着我。家长说："小 A，王老师跟你说话呢。"可孩子依然没有反应。家长为了避免尴尬，解释道："这孩子有时就不爱说话，他就这样，您别介意。"我说："没关系的，可能是不熟悉的缘故，你们先进班吧。"

第一次见面，就给了我一个"下马威"，看来只能智取，不能强求了。果不其然，在正式上课的第一天，我们开火车读词语，开到他那儿时，他根本没有反应。所有孩子的目光都集中到了他的身上，他看到同学们都盯着自己，便"哼"了一声，把头转向了窗外。我亲切地问道："小 A 是不认识吗？"他沉默。我又接着说："第一次不会，没关系的，我请一个同学当小老师，教教你。"可是当同学告诉他怎么读时，他依然无动于衷。同学们都对他投去了异样的目光。为了避免其他学生对小 A 留下不好的印象，我微笑着说："我们小 A，可厉害了，在家看了很多很多的书，这字他肯定认识，说不定还能当小老师，带着大家一起读呢！是吗，小 A？"同学们也响起了鼓励的掌声，他终于把头转到了黑板上，看着黑板上的词语，轻轻地、慢慢地读了出来。当他坐下时，我看到了他脸上的微笑。

这一关终于顺利闯过。

二（3）班 赵云琦/绘

在每天与小 A 接触的过程中，我慢慢发现了他的脾气禀性。他非常任性，只要自己不开心，怎样都不行，但却很讲义气。一次上《王冕学画》一课，他小组内的一个男生不注意听讲，玩手里的尺子。我悄悄走到这个男孩的身边，把他手里的尺子拿了过来。这时，小 A 腾地一下子从座位上站起来，追着我想要回他同桌的尺子，边夺边说："那是小 B 的尺子，你得给他，我一定得帮他要回去。"

我有些生气，真想狠狠教训他一下，但转念一想，对于一个一年级的孩子没这个必要，而且细想起来，这个孩子倒是挺讲"兄弟义气"的。我转身对班里的孩子们半开玩笑地说："同学们，谁能用我们刚学的课文里的句式'一边……一边……'说一下小 A 在做什么？"班里的同学都笑了，有的说："小 A 一边说'我要把尺子要回来'，一边用力地去夺老师手里的尺子。"有的说："小 A 一边跑，一边奋力地用手去抢老师手里的尺子。"……同学们每听完一个句子，都哈哈大笑，没想到小 A 的手也慢慢松开了，低着头回到了座位上。我接过话茬说："同学们说得真好，是不是应该感谢小 A 让我们学会了运用这个句式呀？"同学们用掌声向小 A 表示感谢。

一场小风波就这样在欢笑中平息了。

课后，我找到小 A 摸着他的头，亲切地跟他聊天："小 A，老师知道你是个特别讲义气的孩子，你想帮同学要回他的尺子。热心帮助同学是很好的品质，但聪明的小 A 一定会明白，怎样做才是真正帮助你的朋友，对吧？"小 A 拉着我的手不好意思地说："老师，其实我已经明白了。"

裴斯泰洛齐（Johann Heinrich Pestalozzi）在《葛笃德怎样教育她的子女》一书中写道："儿童的道德感必须首先从他们富有生气和纯洁的情感所引起；然后他们必须练习自我控制，并教导他们关心一切形成关于他们的地位和环境所应有的道德权利和义务的正确的观念。"是的，德育是需要生气和纯洁的情感的。如果我们的"批评"也能做到生动活泼、如沐春风，那么德育该有多大的力量啊！

有一种爱……

王玲湘

导读

很多教师从教多年，一直试着破解教育的密码，遗憾的是世界上没有两片相同的叶子，每一个细致鲜活的教育事件都不尽相同，只能感叹教育的复杂性。但作为一个教育者，"爱"是必备的品质。关于"爱"的真意，也随着时光推移在加深。

有一种爱，叫尊重

那是六一儿童节的校园剧展演活动，演出结束后，付老师手里捧着一大摞学生的演出服，慢慢地走在出演出厅的过道上。衣服堆积如山，把她几乎淹没了。就在这时，一个轻柔的声音随风传来："你好！让一让好吗？请让一让好吗？"我转过身，发现付老师停下脚步，微笑着细语道。哪有人呀？是不是付老师被衣服遮住了视线，看错了呢？我忍不住追随着付教师的目光寻去，只见不远处有两个一年级的小女孩，蹲坐在地上拿着布娃娃过家家，也许玩得正开心，她们没有反应。"对不起！打扰你们了，请让一让好吗？"付教师仍旧亲切地打着招呼。这回，两个孩子挪了挪位置，付老师慢步穿过过道。一切恢复了平静，两个孩子又沉浸在布娃娃的世界里。

这正是一条风景线，它没有宏大的背景，一个礼貌的借过，一个无须回报的举动。我在心里问自己，如果碰上相同的情境，我会不会错位？能不能蹲下身子和学生对话？在内心深处，能不能和付老师一样，把六岁的儿童视为独特的生命个体，视为人格平等的大写的"人"呢？原来，有一种爱，它的名字叫尊重。

有一种爱叫呵护

上午最后一节课是在闻道厅上的。

下课铃响了，坐在前一排的同学"近水楼台先得月"，第一批冲出大门。

过道边的座位上落下了一个水壶，军绿色的长带，钢铁的壶体，撞击得椅子叮当响。

只几秒，后几排的同学也往门外涌。

一个又一个的同学与水壶擦肩而过，每个同学都在往外挤，没有人停下脚步。

我的心紧紧地抽了一下，为那个可怜孤寂、无人问津的水壶。我心情复杂地想把手伸向那个水壶。

在向外的人流中，一个小女孩在逆流而行，这是一个平日极为内向、不多言的女同学。

我忽然意识到什么，放下手，故意向别处走去。

她果然走近水壶，小心地解下，怯怯地交给我："王老师，水壶肯定是我们班同学的。"

"哦，你真细心，老师和同学们都没发现呢。"

笑容在她羞怯的脸上漾起。

当我把水壶的故事在教室里讲述的时候，掌声自发地为她响起。

看着她涨红的小脸，我能感受到她的快乐。庆幸自己瞬间的决定，呵护了一个孩子的义举。相信下一个"水壶"的命运，因为有了呵护和唤醒而不再落寞。

有一种爱，叫包容

"这是一个圆！""请输入红色密码。"一模一样的信息，我已经收到不下十次了；一模一样的信息，班里的每个同学也收到过。

"这是一个圆！""请输入红色密码。"在操场上碰上不认识的同学，他把同学弄得一头雾水。

同学们都疏远他，看不起他，拿他当开心果。

每一个孩子都是上帝的杰作呀，我多么不希望看到他的孤独。

他到底为什么那么酷爱圆和红色密码呢？都说孩子是父母和家庭的影子，他的家庭到底有着怎样的故事？

通过一次又一次的沟通，我已经基本清楚他的成长背景。极其疼爱他的姥姥照顾他的生活，恨不得饭菜都送到他口中；极其严厉的父亲管理他的学习，从不允许他下楼。从小，别的孩子在楼下玩耍，他就在父亲的训斥中做奥数题。

这是一个缺乏与同伴交往实践，又缺乏生活自理能力的学生。

与同学交往，他总不受欢迎，于是他用上自以为高明的手段引起他人的注意！

我找出在美国游学时拍下的一张照片，悄悄张贴在黑板报上：一位妈妈牵着两个孩子，三头金发沐浴在阳光下，和谐而美丽。细看两个孩子，男孩垂着涎、歪着嘴，女孩跛着脚，但这些一点儿也没有影响她们的自信与快乐，因为周围的人们都那么自然、友好。然后，在下面留下一行字：请你猜猜王老师推荐的理由。

静静看着同学们三三两两地驻足观看、欣赏，我觉得什么也不需要说。

五（5）班　张同和/绘

一周后，主题阅读课，我们一起阅读绘本《小绿狼》，当读到其他灰色狼笑着拍打自己的皮毛，大声叫道"快，变色，变色，快变色……"而绿色皮毛的狼哈瓦尔伤心地跑开了，想尽一切办法让自己变成灰色皮毛的狼时，我问同学们："你们想对灰色狼说什么呢？"读完这个故事，我们又一同思考：如果我们是灰色狼，碰上绿色狼该怎么做？

我们始终没有讨论该怎么对待红色密码的问题。但是，一天早读，我看见一位同学把黑色水笔主动借给了他；一天上操，我看见另一位同学在低头帮他系鞋带……有一种爱，就是这样无声地包容，它需要无声地传递。

把微笑、感谢与赞美当作职业本能。相信教育的力量，努力做到每一天赏识学生、尊重学生，把教师的爱无私地奉献给每一个学生。

——摘自《清华附小办学行动纲领》

被学生改变

被学生改变

王　洁

导读

　　教师作为师生关系中的主导方，不仅要爱每一个学生，也要会爱。有爱的能力，兼备爱的方法，有艺术感地去爱，才能赢得学生的认可。对待不同的学生，不同的行为，教师需要随机应变的智慧，更需要对学生多一份理解、体贴，用恰当的方式慢慢改变学生的行为。

　　教师只有对学生发自内心地喜爱，才能赢得学生的敬爱。在我的教学生涯中，有这样那样的学生，优秀的、乖巧的自不必说，那些学业上有些困难但朴实可爱的也让我偏爱，而那些在课堂上总是让大家分心，扰乱正常秩序的小家伙，我就有些"爱无力"了。但教师是师生关系的主导方，要主动承担责任。作为教师，我要通过恰当的方式，让每个学生感受到科学的、富有教育艺术的严格要求也是一种爱，甚至是一种更深沉的爱。

　　写下这段文字的时候，我的头脑中突然蹦出一个曾经让我头疼的小家伙，而我们在英语课堂的几番斗智斗勇也成了我们建立友谊的基础。在几件小事的处理中，我赢得了他的信任和尊重。

　　Jim是个特别聪明的男孩子，能量很大，在我的英语课堂上，他对课堂的影响力简直不亚于我。第一次英语课上，他就跳上课桌表演了一段某牙刷的广告，刚工作不久的我立马就傻眼了。在接下来的四年多的共同学习中，他无数次地创造了考验我随机应变能力的机会，让我的教育智慧不断提升——简直像游戏通关一样，总要提防他层出不穷的状况。

有一次上英语课，我早早地就瞥见了他的小动作——又在偷偷地画画了。这个爱画画的孩子什么时候才能用合适的时间画画呢？我在他身边来来回回走了好几次，希望他能明白我的暗示：赶快把画收起来。结果我的心意显然没人能懂，他看我没有阻止他、批评他，反而明目张胆地把画拿到桌面上了。

年轻的我一下子气晕了，这不是赤裸裸的挑衅吗？这不是对我表示大不敬吗？显然这已经目中无人了啊！于是我气冲冲地大步走过去，在他还没有反应过来的时候，一把就把他的画作抓了过来，使劲丢在讲桌上，仿佛我的愤怒都在这几秒钟爆发了。这还不够，我倏地转身，想给他一个怒视。就在我和他四目相对的时候，我看到了一张更愤怒的小脸，凶狠地盯着我，好像最心爱、最珍贵的宝贝被掠夺了，随时会冲过来。我们的目光接触的一刹那简直就像电光火石，充满了浓浓的火药味！一时场面有些失控，我没有想到他的反应会这么强烈。

这怎么办呢？画已经丢在讲桌上了，就在那里，一半悬在桌面外，飘飘忽忽的，好像随时会掉到地上。难道还给他吗？那怎么行！那我以后还怎么管理学生呢？批评他吗？瞧他那被激怒的样子，我还要继续火上浇油吗？我难道想种下怨恨的种子吗？我是为了给他难堪吗？

GBD 分校教师　韩抒恬/绘

此时我已经冷静下来，一时想不出来两全其美的解决办法。突然我想到今天的英语课刚好学习情绪话题，头脑中灵光一现，我有办法了。我走过去就指着他说："Look, he is very angry." 我引导全班同学都注意他的愤怒，并又重复了一遍："Look at Jim, he is very angry." 在全班同学的注视下，他好像冷静些了，眼神稍有缓和。同学们当然知道他为什么愤怒——画画被老师抓住了呗。所有的孩子都在偷偷观察，不知道我会怎么做。我走到他身边，全当刚才的事情是为了教学故意设计的，和颜悦色地问他："Are you angry？"
"Yes，I am angry."我继续明知故问："Why are you so angry，little Jim？"他
答："Ms. Wang has taken away my picture."教学内容给了我补过的机会，这
句子和课文一模一样。我顺势引导同学们跟着他练习并替换关键词说句子。
在对话的过程中，我看到了他的惊愕、不解、意外等很多情绪，唯独没有了
愤怒。

　　我转身回到讲台，把他的画拿在手里，继续讲课。这时候我偷偷地瞄他
几眼，他已经安静坐好跟着一起学习了，抿着嘴角，偶尔有点小上扬，是在
偷偷地为自己的发言得意吗？我也抓住时机，赶快给了他一个大大的笑脸，
并把他的画轻轻放到他的课桌上。他收起画，继续听讲，刚才那惊险的一幕
就像设计好的一个课堂环节，很好地突破了教学难点，又保护了他的自尊心。

　　这次事件以后，他着实安分了好几天。我也找到了提醒他的好方法。只
要他在英语课上画画、玩东西，或者做一些其他扰乱课堂影响他人的事情，
我就用英语提醒他："Jim is playing." "Jim is drawing." "Jim can draw pic-
tures." "Jim wants to talk to his partner."因为他的口语很好，所以我描述他
的行为，并要求他对我的描述有所回应。一开始，他沾沾自喜，觉得自己不
仅没受批评还出风头了，大家都要听我们对话，挺有成就感。几次下来，他
就觉得没意思了，脸上已经出现不好意思的神情了。

　　他在四年级的作文里，曾经描述过我对他这样的提醒。他说："每一次我
在英语课上画画，王老师就突然走过来说'Look，he can draw'，并把我的画
展示给同学们，我特别不好意思，脸一下子红到了耳朵根。还有一次我偷偷
地玩，王老师走到我身边问我：'Do you like to play with toys？'我窘得想找个
地缝钻进去，再也不能这样了。"这样的提醒没有引发师生矛盾，我反而成了
他喜爱和尊敬的老师之一。

　　在我的职业生涯中，有很多孩子像 Jim 一样，在课堂上犯着这样那样的
错误，影响自己，影响班级。但我静下心来想一想，选择当教师，就是选择
不断修炼的过程。这些孩子给我们出的难题，不就像修炼之路上一个个精心
设计的小磨难吗？我反而要感谢他们给我锻炼教学技巧的机会，帮我不断修
炼自己，提升自己，从一个年轻、做事冲动、处理问题简单的老师成长为一
名能够抓住教育时机，拥有教育智慧，尊重学生的成熟教师。这一个个教育
细节时时浮现在我的脑海中，成了我和学生共同拥有的美好回忆。

把事故改写成故事

赵　静

导读

作为教育者，我们很难避免的就是教育事故。面对事故，每个人都避之唯恐不及，它带给学生的最大伤害往往不是身体上的，而是心灵上的。让事故成为故事的过程，也是修复心灵的过程。

严格说来这应该是一次教育事故，也是我教育生涯中的第一个"污点"。我曾为这个"污点"抱怨、沮丧，但一位老师无意中说的一句话让我醍醐灌顶，豁然开朗。她说："教育事故怎么不能成为教育故事呢？"是啊，"塞翁失马，焉知非福"？教育事故也许就是教育契机。现在我就来说说我的教育故事。

事　故

在一次外出活动中，正在整队返校时，我发现男孩小李手中有一棵鲜嫩的草，草根部大坨的泥还滴着水。集体活动怎么能这么自由散漫呢？不跟队伍也就算了，还破坏草坪！我顿时火冒三丈，指着不远处的草坪命令小李将草放到草坪中去。小李看了看我，没行动也没说话。这分明就是无声的反抗。于是我再次命令："你必须把草放回去！"小李看着我，翻了翻白眼，随手就把草扔在了地上。地面这么干净，怎么能随便乱扔东西呢！小李的行为激怒了我，于是我指着草坪大声喊道："把草捡起来，放到草坪中去！"只见他怒气冲冲地捡起草，放到了草地中。让我没想到的是，走回来时，他用愤恨的眼神看着我，还伸出右手的中指。这彻底点燃了我的怒火，我再也抑制不住地咆哮道："你到底想干什么？你什么意思？今天这事，说不清楚，咱俩没完！"

于是，一次本该意义深远的集体活动，在我的愤怒中草草收场。

回到学校，我越想越生气，于是拨通了小李家长的电话，家长来到了学校。在叙述整个事情的经过中，孩子解释说草是他在路边捡的，看到根部的泥都快干了，于是给它浇了点水，想把它带回家养。但我认为在集体外出活动中，这样的个人行为是不对的，必须制止，而侮辱老师更不可取。家长承认孩子侮辱老师不对，但对于是否要扔草，什么时候扔，值得商榷。在这个问题上，我们争执不下，于是，家长把电话直接打到了校长那里，校长连同德育干部、教学干部一起沟通了这个问题。大家一致认为，我在教育方法上的确有问题。因此，这棵小小的草，就引发了一次教育事故。

反　思

在与学校领导沟通的过程中，我也一直在反思：难道真的是我错了？错在哪儿了呢？我想起了这样一个故事。

> 有几个调皮的小孩，手中拿了一只小鸟，打算以一种恶作剧的方法，考一考一位智慧的老师。他们准备藏在身后，然后问老师手中的小鸟是活的还是死的。如果老师回答是活的，他们就将小鸟捏死后再拿出来。如果老师说是死的，那么一只活的小鸟将说明他"不智慧"。几个孩子很得意，他们仿佛已经胜利在望。于是，他们找到了老师："请问，我手中的这只小鸟是活的还是死的？"孩子们都睁大眼睛，等待老师落入圈套。老师面带微笑："答案就在你的手中啊！"

是啊，"答案就在你的手中"！这是多么智慧的话语。教育者应该有这样的智慧。而我当时怎么没有说出这么有智慧的语言呢？

有人说过："教育不应只是一种技巧和方法，否则它可能将失掉教育的灵魂。"而我在遇到问题的时候，忘了所学的心理方法，忘了那么多化解问题的手段，忘了教育需要爱，而是用最简单粗暴的办法来对待。如果我能等一等，放一放，不在双方情绪激动的时候处理这件事，也许会有不一样的效果。

苏霍姆林斯基将"自尊心"看成学生心灵中最敏感的一个角落，马卡连柯认为"尊重学生是教育经验的全部本质"。而我在全班面前粗暴地对待学生，严重伤害了孩子的自尊心，这不同时也丧失了一个教师的尊严？！

教育需要耐心倾听。我曾经听说过这样一个故事。

一个小孩有段时间上学总迟到，老师为此找其母亲谈话。母亲知道后，没有打骂孩子，而是在临睡前问儿子："告诉我，为什么你那么早出去，却总迟到？"孩子先是愣了愣，见母亲没有责怪的意思，就说："我在河边看日出，太美了！看着看着，就忘了时间。"母亲听后笑了。

第二天一早，母亲跟儿子一起去了河边看日出。面对眼前的景色，她感慨万分："真是太美了，儿子，你真棒！"这一天，儿子没有迟到。放学回家，儿子发现书桌上放着一块手表，下面压着一张纸条："因为日出太美了，所以我们更要珍惜时间和学习的机会，你说是吗？爱你的妈妈！"

我不禁为故事中的那位深深懂得爱的母亲所打动。爱孩子，没有粗暴的责问、无情的惩罚，而是选择了倾听。倾听之中，融入了对孩子的爱、宽容、耐心和激励，给孩子创设了幸福、温暖的成长环境。试想，如果这位母亲听了老师的话后，不问青红皂白地将孩子打骂一顿，结果会怎样呢？我想，那颗热爱生活，发现美、欣赏美的稚嫩的心可能再也找不到了吧。

除此之外，我还要控制好自己的消极情绪。消极情绪是受外因或内因影响而产生的不利于继续完成工作或者正常的思考的情感。愤怒是所有消极情绪中最具破坏力量的情感。大多数时候，我们都是在用愤怒来掩盖内心的真实情绪。回想当初那一幕，我内心的真实感觉不是愤怒，而是不被尊重的恐慌和焦虑，我却用愤怒的形式表达出来，导致情绪激化。如果我能正确表达或延迟表达，结果也许会不一样。

有了宽容、爱、倾听、理解，对孩子的错误就可以放任自流吗？我想不是。苏霍姆林斯基说过："教师爱学生，不是姑息迁就，不是放任自流，而是一种母亲的温存、睿智的严厉与严格要求相结合的爱。"爱而不纵，严而有格，我想这才是爱的真谛。

故　事

　　有了这次教训，在接下来的时间里，我十分注意自己的言行，尤其是在特殊问题以及个别学生身上，生怕自己再犯错。没想到，还没到两个星期，我就在窗台上发现了一个与整洁的教室很不协调的东西——一个罩着塑料袋还满身是泥的罐子。洁白的窗台，新装修的教室，连花都舍不得往上放，别说是一个破罐子了。如果搁在以前，我一定下令把这个东西直接扔进垃圾桶。但今天，我让大家观察了一下教室，说说为什么要在花的下面放垫子。不一会儿，爱护公物、爱惜教室的结论就已经得出来了。而我，轻轻看了一眼罐子。没想到，第二天，罐子还在，只是下面多了一块粉色的小毛巾。在毛巾的衬托下，罐子也不显得突兀了。后来我知道，这个带泥的罐子是小李的。再后来，罐子里冒出了嫩绿的芽。我看着嫩芽笑了，小李看着我笑了。

　　也许这就是用心灵影响心灵。

　　教育就是这样，更多的要靠心灵的敞开，靠心灵与心灵的沟通。

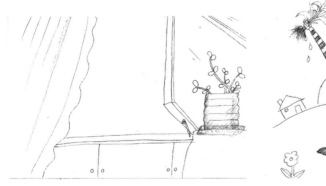

二(1)班　崔逸轩/绘

换一个角度
——由一件突发事件引出的教育思考

李红延

导读

一个在学生群体中处于边缘的孩子，受到了来自这个群体的排斥。一个看似普通简单的冲突事件的背后，隐含着学生交往的苦恼、成长的躁动、师生间的信任危机以及对教育力量的种种思考。一个又一个的教育回合，改变的不仅是学生看待同伴的角度，还有教师看待学生、看待教育的角度。

事　故

飞飞是一个被同学们称为"8 岁的智力，10 岁的身体，12 岁的年龄"的孩子。他学习成绩很差，甚至还发生过偷拿别人东西的事情，所以在班里备受歧视，不但缺少朋友，甚至经常遭到同学们的打骂。

在一节体育课上，体育队长 A 在整队时，先后把不遵守纪律的几个同学叫出队外，然后让其他 9 人依次报数。当最后一人报完时，被叫出队外的飞飞突然报了一声："10！"A 听到后，让大家再报一遍，结果飞飞依然报"10"。这时大家都很不耐烦了，纷纷指责飞飞，飞飞则向大家吐了几下舌头。

开始活动后，学生 B 问飞飞："你干吗吐舌头？"飞飞说："我在向#¥（体育队长 A 的外号）吐舌头。"

学生 B 听后，马上找到学生 C，把飞飞的话告诉了他，学生 C 则给出主意说："你应该把这事告诉 D。"（因为 D 是班里最强壮的学生，和体育队长 A 还是非常好的朋友。）

于是学生 B 照着去做了。巧的是，D 的外衣刚刚被人踩过，有人告诉他可能是飞飞干的。听了学生 B 的话，D 就叫上体育队长 A 一起去找飞飞。D 把飞飞的鞋印和自己衣服上的印痕对照了一下，发现完全吻合，但飞飞不承认。他们就踢了飞飞几脚。这时，在远处的 E 看见了，就跑过来向大家喊："快来玩儿打飞飞的游戏呀！"于是，就有几个学生响应，对飞飞又打又骂。等众人散去后，飞飞一个人躲在角落里哭，正好被路过的校长碰见，校长对在场的几个学生进行了教育。

当我知道这件事后，严厉地把参与者批评了一顿。当时我还以为飞飞是主动向校长求救的。中午，我又按错误性质，给"动手者"、"好事者"和"围观者"分别开了会，再进一步晓之以理、动之以情。

当我看到所有人都低下了头，该道歉的也道歉了，气氛很好，我觉得教育目的达到了。

当天，我要求几个主要犯错的同学在周记中谈谈自己对这件事的认识。第二天一早，我迫不及待地抽出这几个学生的本子，谁知结果令人很不满意：有的详细描述了整个过程，当涉及自己时，却轻描淡写，甚至让人觉得像个无辜者；有的文中充满了愤恨，最大的收获是知道了什么叫阴险小人；更有甚者，只字没提发生的事……

我又把有关同学叫出来，并结合周记的内容教育了他们一番。但大家都不同程度地表现出了反感与不屑，好像在说："老师，您还想我们怎样？"

我明白了，自己所做的一切，只是让孩子们口服心不服，他们并没有觉得自己哪儿不对，要怪就怪自己运气不好，倒霉，轻信"小人"，嘴太"快"……如果事情再次发生，飞飞还是要被打的。

故　事

怎么办？需要请家长来加大教育力度吗？这次压下去了，飞飞就不会挨打了吗？一件芝麻大的事现在变成了"西瓜"，这么多人参与，说明了什么？问题的根节是什么？除了说服教育我还能干什么？在事件中，每人扮演的角色各不相同，能否一次教育就涵盖所有个体？……

正在我烦闷的时候，忽然想起学生 C 的妈妈沈老师是清华大学研究人力资源管理的副教授，曾到一些公司、医院搞过一些活动，我突发奇想，不知是否可以就这件事请她给孩子们搞一次活动。没想到，我刚一开口沈老师就痛快地答应了。

经过反复讨论，我俩确定了活动的内容和方式，打算这次活动就请与事件有关的 11 个孩子和他们的家长参加。

我挨个给 11 位家长打电话，一再强调，不是家长会，不是批评学生，就是请大家来做一个小实验。

我给孩子们布置了一项作业：想一想飞飞的优点，越多越好，但一定得有事例。孩子们都对将要发生的事充满了好奇，有了参与的热情。

活动开始前，我和孩子们把椅子面向黑板摆成了 U 形。

沈老师亲切地向孩子们介绍活动的第一个内容。我发现沈老师对每一个孩子都自然地称呼"您"，她还把点名发言的权力交给了飞飞。

因为事先有准备，每个孩子都能从日常生活小事中看到飞飞的优点，比如：他每天放学后都去洗手，认真练习双杠，喜欢扫地，抢着帮同学打开电视，敢发言……沈老师把这些优点一条条都写在了黑板上。谁也没想到飞飞的优点归纳起来竟有 21 条之多，几乎写了一黑板！不要说飞飞，连我们在场的大人们都被感动了。当沈老师问飞飞有何感想时，飞飞挺起胸膛，大声说："昨天我问一个同学：'你说我有什么优点？'那个同学说：'你什么优点也没有。'我没想到今天大家一共说了 21 条，我很惊讶。"说完，他开心地笑了。

沈老师拿出了事先准备好的蛋糕，那上面写着几个字：飞飞我们喜欢你！

孩子们围成圈，把蛋糕送给飞飞，齐声说："飞飞我们喜欢你！"

飞飞妈妈哭了，我哭了，在场的很多孩子和家长都哭了。

如果事情只到这里，那么仅仅解决了飞飞的问题，而其他孩子的问题依然存在。

飞飞及其家长离开后，我们开始了第二项活动。沈老师先强调了游戏规则：不追究，不记录，所见即所述。然后开始让孩子们叙述那天在体育课上发生的事，孩子们七嘴八舌，气氛热烈。沈老师不但把事件的主线写在黑板上，还及时抓住孩子们叙事时使用的一些词：恶意、围剿、反叛、义气、报复、借口。

坐在一旁的我觉得沈老师带着孩子们就像剥洋葱一样，把整个事件一层一层地剥开。当孩子们跳出整个事件时，许多问题不需要大人说什么，他们自己就清楚了。

三（2）班　王愚凝/绘

接着沈老师带着孩子们找到了事件"变质"的重要环节——衣服脏了，然后启发孩子都有哪些选择方法。孩子们说了四种方法。沈老师进一步启发大家：如果当初选择了对的方法，还会有后面的事吗？如果我们对飞飞降低标准又会怎样？

眼看一切即将顺利结束时，沉默良久的体育队长 A 忽然站起来说："老师，我们知道错了。但我们也帮助过飞飞，可他不领情，如果对他一味降低标准，我还能做什么？"

学生 D 也站起来说："如果我们忍着，就不是男子汉了，我们要有面子！"

我禁不住叫了一声"好"，并和沈老师不约而同地交换了一个惊喜的眼神。这才是这群男孩子们真实的想法，他们终于敢面对这个困惑了。

沈老师夸奖了这两位敢于说真话的孩子，并给孩子们留了一道"思考题"：什么样才算真正的男子汉？

第二天，在轻松的氛围中，我让孩子们谈谈这个活动最令自己难忘的是什么。有的说："看见飞飞妈妈哭，我觉得很内疚，因为自己的行为伤害了他们一家。"（我连忙解释："阿姨的哭是被你们的赞美感动的。"）

有的说："对飞飞降低标准就是宽容。"

有的说："没想到校长是凑巧碰到的，误会飞飞了。"

……

这件事之后，我感觉参加活动的几个孩子突然和我亲近了。当然改变最大的是飞飞：上课积极举手，精神饱满，课下也有同学主动找他玩了。

事后，我趁机在班里开展了"什么样才算是真正的男子汉"的讨论，先让孩子们列举出自己的偶像，如周杰伦、姚明、乔峰、刘翔等，再提炼出他们的共性：执着、坚毅、乐观……

然后让班里的男孩子去采访身边的女性，看看她们对男子汉有什么标准。等到从妈妈、阿姨和女同学那里得到结果后，我们再提炼出的词就是：负责、宽容、大度、坚定、尊重、幽默、正义……

接着，我介绍了几个人物，如邓小平、罗斯福、霍金等，让学生讨论他们是不是真正的男子汉，该如何看待力量。

最后，让学生自己设计一个"男子汉计划"。

反 刍

这个事件就这样结束了。现在我冷静地反思整个事件过程，最重要的体会是两个字——角度。

——对于学生来说，当他们以一个旁观者的角度去看待事件时，每个人的心里都有悔意，都能看到自己在事件中的位置和作用，由此对事件进行理性分析，可能比说教更有意义。

——用赞美的方式对待飞飞，使孩子们第一次发现，换一种欣赏的角度去看待别人，给予别人的是接纳与宽容。

——当面对真诚的赞美时，无论是飞飞还是他的家长都被感动了，因为他们发现原来别人看自己的眼光也是友善的，自己的努力别人也会看得到，这给飞飞带来的是自信与欢乐。

——对于我来说，当遇到教育的瓶颈时，引入外援，不仅使我学习到了另一种教育模式，同时对整个事件也有了一种新角度、新理解。

——当我不再以老师的身份组织活动时，孩子们看我的角度也不一样了，在他们眼里老师的形象变得柔软了，他们开始接受"老师真的是为你们好"

这句话了。

　　——最意外的收获来自旁听的家长，会后他们都表现得既激动又兴奋，参加活动让他们看到了孩子们的另一面，纷纷表示要对孩子进行新的教育定位。

　　——六年级的孩子开始进入青春期，生理发育使男孩子们进入了一个"尚武"时期，如何看待力量？如何看待面子？什么是真正的男子汉？……我们应该及时帮助他们校正看待这些问题的角度。

故事刚刚开始……

张兰英

导读

当孩子撒谎时，意味着什么？身为教师的我们该怎么做？是责怪孩子，还是去探究他谎言背后的心声？每个孩子的心都是一座秘密花园，但这座花园的门不随便向任何人开启，它需要蕴含真诚、耐心和理解的敲门。做教师的就是要努力去做这样一个敲门人。

我们学校的各个艺术社团，期末考试后都要进行常规集训，结束时有个向家长汇报的活动，主要目的是让家长了解孩子一个学期来在社团的学习情况。

本学期舞蹈团汇报的那天清晨，我早早地就往舞蹈教室走，刚到楼梯口，一位爸爸和我打招呼："张老师，是十点半家长来看汇报吧？""对啊，请问您是哪个孩子的爸爸？"我笑呵呵地问。"我是小阳的爸爸啊……"我心里"咯噔"了一下，后面他说什么我都没听清，呆呆地看着他走了——小阳是舞蹈团男生班的孩子，这几天集训他根本没来参加！可是听他爸爸话里的意思，小阳一直在参加着训练。这到底是怎么回事？难道这几天小阳每天来学校待三个小时，然后告诉爸爸妈妈他在参加排练？如果真是如此，孩子这几天受的是怎样的煎熬！他现在在哪里？

正当我满腹疑问时，突然看见小阳低着头背着书包往下走。我赶紧拉住他。"小阳，你要去哪里？你这几天有没有来学校？这到底是怎么回事？快告诉我。"我立刻问了一串的问题。他眼神躲闪着，支支吾吾，说不出话来。其他来训练的孩子看见了，一个个地往这边探脑袋，要围过来……我猛然意识到自己的失态，连忙拉拉他说："没事没事，小阳，这边太吵，我们找个地方聊聊，好吗？"我带他来到休息室，正好里面没有人。我拉着他坐下，尽量用最平和的语气说："孩子，你不要担心，老师只会保护你，不会伤害你的，你现在能告诉我怎么回事了吗？""老师，我没有……我没有交集训回执，他们告诉我……我不是这个班的人了……"小阳耷拉着头，断断续续地说。"那这几天你都让爸爸送来学校了，来了之后去哪里了？""我……"他不再说了，我很着急，因为上课时间到了，其他孩子都在教室等着我，一会儿家长们也要来，还有很多准备工作要做，没有时间陪他了。我带他去找班主任王老师，把小阳的情况大致说了一下，并小声叮嘱："小阳大概是想参加训练但又害怕挨批评，所以才这样，咱们尽量保护孩子。"然后我就走了。

三（2）班　张旭洋/绘

等忙完家长汇报后，我去找王老师，小阳已经回家了。王老师告诉我事情的起因就是小阳撒谎了，并且她已经处理好了。但我一直无法释怀：小阳为什么要撒谎？他没交回执不参加训练为什么不告诉爸爸妈妈？他来学校了又为什么不敢进舞蹈教室？是不是我这个老师，甚至他的父母，都不是他信任的人？

我想起了开学初小阳的另外一件事。

开学后，为了让学生排练时能更舒服、更美观，舞蹈团进行了训练服自愿征订工作，想订的同学要交舞蹈服尺寸订购单。其他的孩子都已经交了，唯独小阳没有。我打电话给他妈妈，他妈妈很诧异："张老师，阳阳早就交了的呀！我问他这个单子需要妈妈帮忙不，他说他自己能行，我就放心地让他自己处理了。"过了一段时间，他妈妈打回电话告诉我，孩子真的没有交，他忘了，但又觉得已经和妈妈说过能自己处理，所以不好意思告诉妈妈。

这孩子的自尊心多强啊！

想到这，我拨通了小阳妈妈的电话。作为一名母亲，我特别能理解她的无奈，她说："不知道这孩子怎么会有这么大的主意！我每次问他集训得怎么样，阳阳都说挺好的，就是中途太饿了，让我给他准备点心。一定是他在外面待得饿了……"他妈妈的声音哽咽了。我的心也跟着揪起来——小阳撒谎就是希望自己尽可能地得到家长、老师的肯定，当他做得不够的时候，就选择了隐瞒，选择了用自己的方式来处理问题。如果小阳的爸爸妈妈平时给孩子犯错的空间，是不是就不会这样？而我，如果能够细心一些，当孩子不交回执时，打电话确认一下，也许就没事了吧？幸亏小阳现在平平安安的，万一发生什么事……

整整一天，我的心都放不下来。我应该做些什么呢？

第二天，见到小阳，我决定什么都不提。只有我表现得坦然，孩子才会坦然。唯有真诚地尊重小阳心中那颗敏感而脆弱的心，才能赢得他的信任，而彼此信任是教育的基石。

恰巧，这天我当选最美科任教师，要进行拍照，我把小阳拉到身边。他一定能感觉到我的真诚，感觉到老师其实离他很近很近。我在心里和自己说：幸亏，我还能接着教小阳，我和他，都还有成长的机会。让我们彼此真诚，彼此信任，彼此尊重，彼此接纳！

是呀，我们的故事才刚刚开始。

向学生敞开心扉

——我做新班主任的第一步

吴 超

导读

　　班主任的工作烦琐而又重要，特别是对于一名新班主任来说，如何在新的学期带好新的班级，迈出自己教育人生的第一步，是非常关键的。教育的秘诀是真爱，只要付出的是真心，付出的是真情，对学生提出的要求是真心为他们好，并且采取的是他们能够接受的方式，我相信，真情一定能换回真心。

　　终于毕业了，带着大学里掌握的专业知识和实习时积累起来的自信，怀着对教育事业的满腔热忱，我兴致勃勃地到清华附小报到了！

　　9月3日，迎来了我在清华附小当语文老师、班主任的第一个班。"三（3）班的孩子都老实听话。"同年级的老师都这样说。我信心满满地走进教室，注视着一张张笑脸，清了清嗓子说："大家好！"我本想引起孩子们的注意，没想到我洪亮的嗓音却只引起孩子们的一回头，然后他们又继续了假期的话题。我愣在那里不知道说什么好。出于本能我提高了声调，并用力拍了拍黑板："都安静坐好！""狮吼功"起了作用，孩子们纷纷不情愿地坐好。效果达到了，但我知道他们对我只是简单的"怕"，而不是我想要的"敬爱"。

　　很快学校要求到操场集合进行开学典礼，我让大家出去站队。孩子们一起身，话就从嘴里跑了出来，一开始还只是小声地聊天，随后声音越来越大。当我刚刚感觉无法控制的时候，竟然有两个男生扭打在了一起。我的惊讶立刻变为了愤怒，我冲上前去把他们拉开并大声呵斥："干什么呢！站不站队了!"其中一个孩子刚要解释,我没好气地说:"说什么说,站队去!"两个学生都十分不情愿地去站队了。但是站好后他们看我的幽怨的眼神,让我的心凉了一大截。在隆重的开学典礼中,聊天的声音不绝于耳,而且他们毫无站姿,左摇右晃。我不断地在队伍中走来走去,不断地提醒,但是提醒只管了一会儿作用。我心中一种莫名的失落感油然而生。"忍忍吧!"我这样劝着自己。

典礼结束后,我和孩子们回班上课。带着激动的心情和烂熟于心的教案,我又走进班级准备上课。然而,我的自信心又一次被击垮了。课堂上,孩子们的注意力根本不集中,左顾右盼,要不就是随意聊天。我一半的时间都花在对班级纪律的管理上,教学计划被全部打乱。下课铃声一响,我几乎是逃出了教室。

回到办公室,我颓然地坐在椅子上,不明白为什么会是这样。实习时一直有"孩子缘"的我,在正式成为老师后怎么就没人搭理呢?我不甘心。可能是不熟悉吧,我不由得这样想。挨过了一节课后,趁休息时间我再一次走进班级,同样还是没人搭理我。我主动走到孩子们中间去,可是我刚到一圈聊天的同学的边上,他们就一哄而散了。我的血一下子冲到了脑门上。上课铃打响了,孩子们匆匆走进教室,有几个落在了后面,我让他们站住,问:"干什么去了?""我们去看卫老师了!"喔,我明白了!

三(2)班　刘文馨/绘

卫老师是他们以前的班主任，是个温柔细致的女老师，而我只是一个刚刚毕业的毛头小伙子。我觉得新班主任的到来让孩子们不适应了，他们更信任、更喜欢以前的班主任，我遇到了"信任危机"。

怎么才能让孩子喜欢上我、信任我呢？焦虑之后，我做了这样几件事。

首先，我找到原班主任卫老师深入了解学生的情况。卫老师语气柔和，对工作认真，也非常有经验，把每件细小的事情都做得非常细致。当我提出让卫老师进班帮我开导学生时，卫老师痛快地答应了。在第二天上我的课时，卫老师走进了班级。我没有进班，但我一直想象着久别重逢的老师和学生之间的对话。卫老师到底说了什么我不知道，但当我再次走进班时学生明显对我尊重了，我说的话他们听了，让做的事情他们也能很快完成了。

但是上课和平时遇到问题时，他们还是不愿意跟我交流，而更愿意私底下用他们自己的方式解决。我想，是不是借助一下家长的力量呢？都说孩子是家长的影子，我希望家长们帮我影响"影子"。于是，我采取了第二个措施：写了长长的《致家长的一封信》。在信里面，我介绍了自己，表达了自己对教育的理解，同时还阐述了我对班级的希望，以及各科学习的学习方法要点（这部分请其他学科老师一起做的）。当然我也写到了课堂的常规情况。在信的最后我这样写道："无论在家里还是学校，孩子是您的也是我的，在家里您照顾孩子，在学校有我呢！我会尽力像您一样给孩子无微不至的关爱，无论学习还是生活。在教育上，我们是特殊的'同事'，希望咱们一起努力让孩子的明天更美好！"我把信发给了家长们。家长们显然被我真诚的话语打动了。他们纷纷告诉我，一定大力支持、配合我的工作。

第二天，孩子们又有了一些变化，上课时，他们积极举手回答问题，课余时间遇到问题时也主动找我，寻求我的意见了。上回发生争执的两个学生又因为一把尺子的问题发生了争吵——一个想玩，另一个就是不借。我走到他们中间先是询问了具体的情况，接着开始启发他们。我对想玩的同学说："这把尺子是很好玩的，它是非常漂亮的，可是你想啊，这东西不是你的啊，咱们玩之前是不是应该先征求尺子主人的同意啊？"孩子点点头。我接着又开导另一位："咱们都是一个班的，我们之间应该互爱互助，我们有好东西，应该乐于和其他同学分享，对不对啊？"这个孩子也点点头。我说："你们两个自己解决吧！"然后就微笑着看着他们两个。要借尺子的那位同学说："你的尺子很漂亮，能借给我玩玩吗？"另一个说："好吧，我借给你。"然后他们两个就去玩了。上课时我就表扬了他们两个。接下来的几天，孩子慢慢地喜欢和我说话了，但大都是关于学校生活的一些话题。我想全面了解他们，这样才能更好地指导他们的学习、生活。

请教过其他有经验的班主任老师之后，我决定开一个班会，彻底地向他们敞开心扉。班会名称就叫"了解"。班会一开始我就介绍自己，从兴趣爱好谈起。我幽默的语言逗得孩子们哈哈大笑，然后让他们问我问题。他们刚开始还有些局促，慢慢地就开始活跃起来了。他们提的问题也千奇百怪，到后来有的甚至和我开起了玩笑。我始终都以愉悦的表情回答，遇到玩笑也偶尔做一两个鬼脸。我看到他们笑了，是从心底发出的笑声。

介绍完了自己，也让他们介绍介绍自己，说说他们生活中都干一些什么事，对什么事感兴趣。他们举手非常踊跃，有的竟还模仿起我说话的方式，连班里平时最不爱举手发言的学生也一本正经地介绍了自己。快要下课的时候我对他们说："看啊！你们的生活是多么的丰富多彩，是多么的有意思啊！老师也想融入你们的生活，你们愿意吗？"他们都高兴地表示欢迎。我接着又说："在学校，我们一起学习、生活；生活是色彩缤纷的，我愿意和你们一起领略；上课的时候我是你们的老师，你们有什么问题都可以向我求助；生活中，我就是你们的朋友，你开心我来分享，你不开心我们就一起分担；我们紧紧地相拥在一起，我相信明天的太阳一定比今天的更明亮！"这时下课铃声响起，孩子们却并没有跑出去玩，他们为我鼓掌。我知道我赢得了他们的信任。

果然，下课休息后，很多同学都向我围过来，他们纷纷向我说着自己生活中的点滴。我知道，我已经是他们中的一分子了。

教育的秘诀是真爱，只要付出的是真心，付出的是真情，对学生提出的要求是真心为他们好，并且采取的是他们能够接受的方式，我相信，真情一定能换回真心。我会珍惜自己与学生之间建立起来的信任关系，继续用真心真意去呵护、培养信任这棵幼苗，让它成长为根深叶茂的大树！

他们教会了我……

朱丽玲

导读

教学相长是由古至今广为流传的教育法则，6 岁的孩子能教会我什么呢？他们教会了我张开耳朵听一听，睁大眼睛看一看，动动脑筋想一想。他们更是在教我如何成长，如何为师，如何做人。

在为人师最初的几个月时间里，有与孩子为伴的幸福，有见证孩子成长的欣慰，更有来自无邪童心的启迪。透过他们的声音、他们的眼睛，我领悟到教育的真谛，是他们在教我如何为师。

听听孩子的心声

"朱老师，这是你们班的孩子。"我循声望去，门卫处值班的姜老师正领着一个稚气十足的孩子站在教室门外。这个孩子是小言，开学的第二天他就迟到了。一年级小朋友时常有找不着班级的"糊涂"事情发生，看来我也遇上了。从此，小言的"糊涂"逐渐在班级中显露出来。上课铃响，所有的孩子向教室里跑，小言却向外冲；活动整队，所有的孩子往队伍中靠，小言却往外跑。于是，我和小言之间反复出现过如下对话：

"为什么迟到？"

"上厕所去了。"

"到哪里去了？"

"上厕所去了"

"干什么去了？"

"上厕所去了。"

……

上厕所似乎是万能的借口。当全班同学都养成下课及时上厕所的习惯时，小言仍旧"我行我素"地迟到着。又是一节语文课，小言照样在铃声结束后伫立在教室门外，频繁的迟到让我有些失去耐心。

"为什么总是迟到？"我不解地抛出这个问题，小言正拽着衣角，眼睛紧盯着地面，一声不吭。

我的声音不自觉地提高了八度："刚刚干什么去了？"他缓缓地抬起头，瞪大眼睛盯着我，眼神中尽是疑惑与不安。"上厕所去了。"小言声如蚊蝇。

又是上厕所，总是上厕所。

"你看全班同学，有谁因为上厕所耽误上课？你就是在找借口。"这是开学半个月来，我第一次严厉地批评小言。小言的眼睛里瞬间满是委屈，泪水夺眶而出。他委屈的神情让我有些诧异，难道我的批评太过严厉？

下课后，我决定找小言好好聊一聊。我小言很是紧张，仍旧拽紧校服，始终低着脑袋，大概刚才的批评让我和他更加疏远了。

"小言，你知道听见上课铃响就该进教室吗？"小言仍旧沉默。

"知道就点点头。"他轻轻地点了点头。

"能和老师说说你为什么总是听见铃声才去上厕所吗？"

小言见我耐心地询问，似乎有些吃惊，抬起头，低声说："因为我怕自己上课时想上厕所，所以一听见铃声就去，这样上课就不会憋不住了。"

一听小言的话，我开始自责起来，那么多次和小言的谈话似乎都是蜻蜓点水，我从没问问他心里是怎么想的。原来，小言不是糊涂，不是故意捣乱，而是忧虑、紧张、害怕。我接着说："小言，只要你一下课就去上厕所，上课就不会想去了。不信你今天可以试一试。"

小言不同于其他同学的表现更加引起我的思考。他为什么如此在意上厕所这件事？为什么害怕上课会忍不住？为什么不敢上课举手去上厕所？对于这些疑问小言自己说不清楚，小言妈妈也不明就里。心理学家弗洛伊德认为，人在童年时的创伤经历对人的一生都有重要影响。小言是不是在幼儿时经历过什么和上厕所有关系的不愉快的事情呢？这些都不得而知。作为班主任，能为他做的是创造更安心的氛围，从而塑造新的行为方式。

感谢小言，他教会了我，要听听孩子的心声，让我明白"俯下身"来做老师，不要理所当然、自以为是。

看看孩子的眼睛

9月11日，我收到了学生鹤儿妈妈的短信："今天鹤儿回家后说她书包里有两块肥肉。老师告诉她不能挑食和剩饭，但是她从小就不吃肥肉，于是就把肥肉偷偷藏进书包里。我看着油乎乎的书包哈哈大笑。麻烦老师明天告诉她可以不吃肥肉，可以剩在碗里。小朋友挺听老师的话，谢谢您了。"

收到这条短信时，是我初当班主任的第十天。一看到短信，脑海中马上浮现出这位叫鹤儿的小姑娘。因为长得最小，她是班级队伍的小排头。什么都是小小的，小鼻子、小眼睛，留着樱桃小丸子似的齐眉刘海，柔顺的头发披到肩上。鹤儿是那么认真、那么听话、那么顺从的孩子，真的不需要我太费心。

那天中午吃饭时，我并未太注意她。只记得她给我看了一个吃得干干净净的餐盘，然后开心地把餐盘端到教室外面。在这之前之后，我什么都没看到，没有注意到她盛饭时的迟疑犹豫，没有注意到她吃饭时的忐忑不安，没注意她"作案"时的小心谨慎。

面对鹤儿，家长们会像鹤儿妈妈一样忍俊不禁，觉得这就是小孩子啊，居然用如此的方式来解决问题。可是，作为新班主任，而且是一年级的班主任，我首先涌现出的是强烈的自责。如果我在午餐时多看她两眼，如果她愿意跟我吐露心扉，如果我在平时多关注她，那么就不会发生这两块肥肉的事情。

感谢鹤儿，她教会了我，要看看孩子的眼睛。里面盛满的是期许？是紧张？是害怕？是忧虑？专注的片刻凝视，会缩短我和孩子内心的距离，让我们能互相意会、互相理解。

教学不能以忽略对每个学生的关注为代价。只有这样，教育才能见微知著，才能顺其自然。

想想孩子的不同

9月的北京不再骄阳似火，可秋日下的操场依旧炎热。一年级的孩子们正在军训，站姿训练刚开始一会儿，汗水就顺着他们的脸颊往下淌。报数、整队、踏步、齐步，一项项训练下来，孩子们真是累坏了。教官一下令休息，他们立刻奔向四周的荫凉处。

闻道厅外有棵大柳树，柳枝低垂，树荫浓郁。这儿也就成了孩子们休息的好去处。孩子们喝水、聊天、做游戏，玩得很是惬意。这时小腾正望着树枝出神，然后他走到最低的柳枝旁，轻轻一跳摘下几片树叶。他小手拿着几片柳叶观察琢磨，一会儿放在嘴里吹吹，一会儿攥紧在手里，一会儿又在手指间反复缠绕，玩得不亦乐乎。

三（1）班　许若一/绘

远远观望的我，想起了苏霍姆林斯基和摘花小姑娘的故事，想起了智慧教师们教育孩子的各种高招。我决定试试看，悄悄来到了他身边，轻轻扯了扯他的耳朵说："老师如果使劲扯你的耳朵，你疼吗？"他点点头。我接着说："你都把柳叶扯下来了，你说柳树会疼吗？"他好像感受到了什么，低头端详着自己手中的树叶。思考了一会儿，小腾把柳叶放在了柳树根下。毕竟是6岁的孩子，与自然是相通的，能够感受到来自大自然的各种力量。我也对自己的处理方法很满意，心里美滋滋的。

一会儿过后，小棋看看柳枝也起了玩兴，他"腾"的一声高高跳起，使劲一拽，眼见一节柳枝已经紧握在他的手里，柳叶纷纷往下落，孩子们也闻声围观过来。我几步走上前去，刚才的成功经验让我自信满满。我如法炮制，仍旧扯扯小棋的耳朵，仍旧温和地重复刚才那番话。可等来的不是小棋的恍然大悟，而是他迷茫的眼神。他似乎没听懂我的话，我顺势解释一番："老师扯你的耳朵，你肯定觉得疼。同样地，你扯柳枝，柳树也会疼的。"他随意地"嗯"了一声，继续甩着柳枝玩去了。最终，我只能严肃地告诉小棋，玩柳枝有些危险，可能会伤到自己和同学，不能再玩柳枝了。于是，他才把柳枝扔进了垃圾桶。

相似的情境，同样的教育方法，可是收到的教育效果却截然相反。小腾和小棋都 6 岁，都是男孩，看似相似，却又大不同。一个敏感细腻，一个大大咧咧；一个以心感受周遭，一个以理认识世界。于是，教育之时，只能一个动之以情，一个晓之以理。

感谢小腾和小棋，他们教会了我，原来每个孩子都不一样。孔子提出因材施教，想必原因就在此吧。真正的教育公平不是给每个孩子提供完全同样的教育，而是针对不同的孩子提供最适宜的教育。唯其如此，才是真正以学生为本。

较量中的成与败

盛 婕

导读

　　教育生活中，教师有时候还在一味保持着传统的所谓"师道尊严"的权威形象，不舍得放下架子、放下面子。其实教师尊重学生既是现代教师应具备的职业道德，更是取得良好教学效果的前提，而且，这充满爱心的教师行为的变化，才是教育成功的一把钥匙。

　　"师道尊严"是中国传统的师生关系，提倡"天地君亲师"、"一日为师，终身为父"。然而在今天，我们不禁要问：教师难道真是"道德圣人"吗？教师就是一个班级权威的象征吗？陶行知说过："我们最注重师生接近，人格要互相感化，习惯要互相锻炼。"

　　如今，新型的师生关系应该是"朋友"关系，教师与学生只是在教学活动中地位不同，并没有人格上的高低之分，老师有尊严，学生同样有尊严。我也是从一件小事中，慢慢地有了一些感悟和体会。

　　小云是一位品学兼优的学生，从一年级入校时，他就显得特别懂事。老师提出的每一个要求，他总是完成得特别好，很自然地，他成了班集体的中队委。但是，有时候，孩子们会跟我反映："小云在老师不在的时候和同学说话了，根本不像平时老师在时表现得那样好。""刚才老师让小云管理班级，可是他对同学的态度特别不好。"听了孩子们说的这些，我不禁有些疑惑，看来这孩子是"两面派"啊。我得暗暗观察，给他敲敲警钟了。

　　就在期末的前两周，班级要进行排练，由于分成了两队，我只能管理其中一队，另一队需要让一个小干部管理。排练结束后，小干部马上就跟我反映："小云刚才带头说话，提醒他还不改。"我听完后心想：怎么又是他！身为班干部总是在老师不在的时候带头不遵守纪律，都好几次了。于是，回到班级后，我当着全班同学的面把他叫到了讲台前，一脸严肃地问他："你刚才排练时说话了，是吗？""没有……"听他张嘴就是"没有"，一点都没有想承认错误的意思，我就火冒三丈，瞪着他："说了话还不承认，小清，你过来！"我叫来了刚才管理纪律的小干部，心想这次一定要当面找到证人，问清楚。"他说了……""他说了……"在场的好多学生也跟着附和。我继续问他："你说没说？"他似乎变得不安起来，却斩钉截铁地说："我说了，但是别人也说了！"这小子，还挺硬气，一点都没把老师放在眼里啊！我立马从位置上站了起来，声音了也提高了八度："我就问你说没说！"他的声音也随之提高，用同样的话回答我。就这样的问答，我们一共重复了三次。

此时，班级里静悄悄的，仿佛每个孩子呼吸的声音都能听得一清二楚。此时的我只觉得怒火中烧，觉得全班的四十多双眼睛全都看着这一切，看着老师和那个平时如此"优秀"的孩子之间的"决斗"。当着全班的面，他竟然敢这样和老师对峙。我平时那么看重他，没想到在全班同学面前，他这么趾高气扬的，我岂不是颜面扫地？一定要让他当面承认错误！之后，在"现场证人"的"作证"下，他终于承认了错误。这场较量，以我的胜利告终。

可是，自从这件事情以后，我发现他变得比原来蔫儿了，没有原来那么和我亲近了，那个见到我就会露出大门牙对我满脸笑容的孩子，现在却总是在躲闪我的眼睛，避免和我对视。他在同学当中的威信也大不如前，在班级的管理和活动中，他也没有原来那么积极，很少看见他活跃的身影了。紧接着，在期末评价手册"我最喜欢的老师"一栏中，我发现，他没有填我的名字。我的心中五味杂陈，意识到，可能就是因为那小事，让这个孩子发生了这么大的变化。我心中突然觉得，当时自己处理这件事情过于急躁，太顾及自己的颜面，而忘了他的尊严，忽略了这个中队委在同学心目中的威信。我开始失落，觉得有些对不起这个孩子，纠结不已。当时在全班学生面前，那种"胜利者"的喜悦和成就感荡然无存，我不断地在问自己，在那次对峙中，我真的"成功"地教育了这个孩子了吗？我当时故作权威，对学生厉声呵斥、当众批评、毫不罢休，以牺牲小云的尊严来换取了自己的尊严。我自以为，在全班面前，给了小云一个很好的教训，但却深深地伤了他的自尊心。"人非圣贤，孰能无过？"只有六七岁的孩子难免会做出一些违反纪律的事情。而我却当着全班同学的面批评他的错误和缺点，以为这样能起到"杀一儆百"的作用。其实许多道理他们是明白的，当众批评、直接批评换回来的可能是逆反心理，并不能起到教育的作用。最终的结果可能是用自己一时的威信与胜利，输掉了一个学生对我的喜爱与信任。如果我当时采用个别面谈的方式来代替当众批评，可能效果会更好一些。

仔细回想一下，在平时的教育过程中，可能有些老师也会遇到类似我这样的情况，也会去抱怨孩子越来越不听话，越来越有个性，还一味保持着所谓"师道尊严"的权威形象，而不舍得放下架子、放下面子去保护学生的自尊心，去真正地站在学生的角度，冷静、细腻地处理问题。这件事情深深地让我感到，作为一名具有专业素养的老师，不应该在乎在学生面前的颜面和尊严，不应自视比学生"高人一等"，总是在学生面前表现出"高深莫测"、"凛然不可侵犯"的派头，体验所谓的"尊严"。对学生的爱，不应是居高临下的。班主任不是班级的统治者，学生也不是班主任的臣民。教育活动是双向的，教师与学生之间应该是知心朋友，为了一个共同的目的，共同探讨，共同努力。

在我们的教育中，很多时候"暴风骤雨"式、快餐式的教育，仅仅赢得自己的"师道尊严"，而如何维护学生的尊严，赢得学生的尊敬呢？我认为我们可以改变以往的教育方式，教师对学生的教育可以用宽容赞赏代替苛求冷漠，用个别面谈代替当众批评，用手势语言代替高声呵斥。教师尊重学生既是现代教师应具备的职业道德，更是取得良好教学效果的前提，而且，这充满爱心的教师行为的变化，还是教育成功的一把钥匙。教师的真正尊严，并不是我们个人的主观感受，而是学生对我们的道德肯定，感情依恋。温柔细腻、和颜悦色地与学生谈心，并随时注意维护学生的尊严，理解学生，创设和谐宽松的教育环境，以心交心，才能赢得学生的信任和尊重，建立彼此的默契。教师尊重学生，才能赢得学生的尊敬；学生尊重老师，老师的教育活动才会卓有成效。教师希望得到学生的尊重，学生更希望得到老师的尊重。我们应该平等地对待每一位学生，尊重他们的个性，遇到事情后，静下心来，放慢节奏，蹲下身子，认真地倾听一下学生的心声，静静地陪伴着，对学生多一份教育的期许和等待。

想到这里，我决定找到小云，和他推心置腹地再聊一聊，解开他心中的结，同时也解放自己。当我找到小云，放下所谓的面子，主动再提起那件事情时，他泪如雨下。我耐心地倾听了当时的情况和他的解释。原来，当时是他去提醒别的同学遵守纪律，却被误认为在说闲话。他被冤枉后，心里很难受，不愿意承认错误。他事后也觉得不管怎么样，都应该尊重老师，不应该跟老师顶撞。

　　我也向小云说明了当时老师对他这个班干部的更高要求和生气的原因，并且也向他道歉："当时应该给你时间说明情况，而不应该不分青红皂白地当着那么多同学的面一开始就批评你，一定是让你觉得下不了台，你才会那么硬气地一直跟老师顶撞。"他听完了我的话，充满了泪花的眼睛一直看着我，我能感受到，此时的我就像他的一位大朋友。我重新赢得了他的信任和敬佩。事情往往就是这么奇怪，就像我和小云之间发生的这一切一样：表面看来你成功了，却输掉了一些很重要的东西；当你放下一些东西时，却赢得了更大的"成功"。

二(6)班　丁牧云/绘

　　此时，我的心中，有了一种从未有过的轻松、喜悦和巨大的成就感。我想，我以尊重学生、体谅学生的真心，重新赢得了学生的信任与尊重。这，才是真正的成功吧！

教育工作无小事

刘 凡

导读

　　教育工作无小事，事事皆育人；教师无小节，事事皆楷模。"严于律己，为人师表，热爱学生，诲人不倦"，这十六个字是我们教师需要终身修炼的课程。

教育细节之社会楷模

　　在我成为一名光荣的人民教师的第一年里，发生了一件让我永生难忘的事。一天，我忽然收到了一张一年级的学生送我的奖状。奖状上这样写道：

　　　　刘老师，上课时我们问您高锰酸钾可以喝吗，您回答说："高锰酸钾是用来消毒的，消毒的东西，你能喝吗？"您上课的语言这么幽默，我们特此颁发"最幽默教师"奖给您。

　　看完学生给我写的颁奖词之后我愣住了，这张奖状是一个六七岁的孩子用他稚嫩的笔迹记录了我回答另外一个同学问题时的情景。我努力思索了好久，发现自己都不曾如此清楚地记得那节课上，我是用什么语言和语气回答学生这个问题的。而学生却一五一十地记得如此清楚。课后我找到了这个同学，让他回忆那天我回答高锰酸钾问题时说的话，没想到，他的答案竟然和奖状上的一字不差。我又叫了另外两个学生回忆当时讲高锰酸钾的情形，他俩的回答也是一样，并且说话的语气、神态竟然和我还有几分相似。

在此之前，我只认为教师的职责就是"传道授业解惑也"，一个问题我只需要告诉学生准确的答案就可以了，学生也只需记住他们需要的知识就好了。在得到这张奖状时，我忽然领悟到，学生来上我的课，他们学到的绝不仅仅是我课上讲授的知识，每天每时每刻都有无数双小眼睛在注视着我，作为老师，我的每个动作、每个表情、每一句话，甚至说话时的神情、态度和语气，不知道在哪个不经意间就会给学生留下深刻的印象和影响。即使是个一年级的小学生，也懂得模仿、懂得思考、懂得欣赏他的老师的一举一动！与此同时，一名老师不经意间的一个不好的表情、不得体的态度和行为如被学生注意到，那给学生带来的消极影响可想而知啊！

在刚刚踏出大学的校门成为教师的那一刻，我并没有意识到自己未来的教师工作是多么的神圣和重要，但从我接到这张奖状的那一瞬间起，我深深地体会到了。作为教师，你的任何一句话、一个表情、一个神态，都可能在不经意间就这样被学生看到了，就这样不经意间影响了学生。

以前听到"社会楷模"四个字，总觉得是给教师戴了高帽子，现在我知道了为什么教师被誉为"人类灵魂的工程师"：社会期望教师"为人师表"，成为学生的表率、社会的楷模，因为教育学生不仅仅是知识的教育。一个好教师不仅要具备渊博的知识，还要时时刻刻为人师表，严于律己。教师在工作当中的每一个细节都会影响学生，都能教育学生。

五(2)班　袁一嘉　邵　北/绘

教育细节之角色扮演

记得一次出去吃饭，有个新认识的朋友问我："你是做什么工作的？"我随口回了句："我是演话剧的！"当然，这是句玩笑话了。但在这句玩笑话里，又何尝没有一些真实性呢？教师不就是每天在自己的小舞台上扮演着各种各样丰富多彩的角色吗？

在低年级的学生面前，教师就像他们父母的化身。我们经常看到低年级的学生到老师面前"求助"、"告状"、"打小报告"等一系列现象，其实这都源于他们对老师的信任。低年级的小学生往往把老师看作继父母之后的另一个社会权威。更能时常看到低年级的小学生不自觉地对着老师张嘴就喊"爸爸"、"妈妈"，对老师的态度也类似于对父母的态度，对老师的情感也类似于对父母的情感。学生希望从老师这里得到更多的帮助和关注，老师同时又要扮演严父和慈母的角色，不仅要耐心、细心地和学生讲道理，更要恩威并施，让学生体会到老师是公平的，老师对每一个学生同样关爱和重视。

而对于高年级的学生来讲，老师更像一个大朋友，他们想从老师这里学到更多的关于学习、社会生活、人际交往等方面的知识。我经常遇到这样的情况，一个高年级的学生跑过来说："老师我给你讲一件事。"我耐心地听完后，他接着问我："老师，如果你遇见这件事时，你会怎么办呢？"可见，高年级的学生遇到问题时，他们想听到的往往不是大道理，而是老师遇到这件事时的处理态度和处理方法——征求老师这个大朋友的意见。高年级的大孩子很多时候是希望老师能和他们一起分担他们成长和生活中的喜怒哀乐！

仅仅就教师和学生的关系而言，教师就要扮演丰富多彩的多重角色。但无论教师在工作中扮演哪个角色，热爱学生都是一切的前提，学生"亲其师"，才能"信其道"。只有真心爱学生的老师，才能扮演好在教育中的角色。就像苏联教育家捷尔仁斯基所言："谁爱孩子，孩子就爱他，只有爱孩子的人，才能教育孩子。"

教育工作无小事，事事皆育人；教师无小节，事事皆楷模。"严于律己，为人师表，热爱学生，诲人不倦"，这十六个字是我们教师需要终身修炼的课程。

谢谢你，我的"小老师"

李　宁

导读

杜威说："教育不是把外面的东西强迫儿童或青年去吸收，而是需要使人类'与生俱来'的能力得以生长。"如果，不经历这一堂课，我不会更深刻地认识到：其实，每个孩子都是好孩子，只是有着不同的好，教师的主要任务就是唤醒他们的"好"。

刚刚进班听课的时候就特别关注"他"——一个名叫小可的男孩子。大部分时间，他总会有着与班里其他孩子不同的表现：课上，他会不时地发出怪声；课下，他会乔装为"恐怖分子"；偶尔，他还会与班里其他同学发生争执……

作为实习教师，遇到这样的"怪学生"，我便不假思索地就给他扣上了"问题学生"的帽子。那个时候，每天见到他，最直接的念头就是"怕"和"躲"，生怕哪一天与他发生正面冲突，自己应付不来。

我的看法发生转变，是由于他的一篇题为《我们班里的出版社》的作文。语文课上，任课教师将他的文章读出来当范文。那一瞬间，带着"另一种心境"，我第一次开始欣赏他。

他的作文的大概内容（提及的人均为化名）如下。

开学了，我最高兴的就是可以再次看到同学们，也可以在我的出版社继续工作啦！

我的出版社是在三年级上学期成立的，现有16人。我开这家出版社的原因是我们班里的人，个个都有本事，有的画画好，有的写字好，有的编故事好，我想，如果把他们集中到一个出版社，那我们的出版社就能做出很多的书。现在，我们出版社已有七本书，分别是《查理和巧克力工厂》、《星球大战》、《阿衰》、《超级武器战斗》、《2013年2月刊》、《尼斯湖水怪》和《猫武士》。其中，画工最好的是《2013年2月刊》。这本书是由主编小芮所画，内容有足球故事、菠萝蜜问题。她画得非常整洁、漂亮，画的人物栩栩如生，我们都喜欢她的画。其中，内容最好的书是小轩写的《猫武士》，内容主要是两个黑影要消灭猫族，故事没有写完，但是留下了悬念，故事情节引人入胜，让我们对《猫武士》的下一集充满了期待和好奇……

四(4)班　张元佑/绘

作文读完的瞬间，我开始陷入沉思。那一堂作文课后面的环节，我记不太清了，只是，内心突然有了一种强烈的焦灼感，复杂的滋味随即涌上心头。放学后，我向任课老师借了小可的作文，一个人坐在在教室里仔细品味着，心里涌起了层层涟漪——原来，我还从未走近他，就在心理上设置了防线。一个小孩子，都能够带着那颗清纯的心以赏识的眼光看待他周围的人，而我，一个将要步入教师岗位的教育者却带着"挑剔"的情绪和先入为主的偏见给他贴上了标签。

《少有人走的路》的作者斯科特·派克曾说："真正的智慧是知与行的统

一。"可在步入真实的教育领域时，我差点在不经意间犯了严重的错误，差点忘记了教育技巧的全部奥秘就在于如何爱护儿童。从那之后，我开始带着小可传递给我的那种美丽的心态去关注他，走近他的生活世界。一次偶然的机会，听他的班主任提起他。原来，在小可的身上，有着那么多可贵的闪光点。他是个热心肠孩子，邻居出国三个月，他每天都坚持帮忙遛狗；他还是个独立的孩子，家里人生病，爸爸妈妈忙顾不上他，他自己照顾自己的一切；他也是班内的"温馨天使"，谁要是头疼脑热上不了课，他总会第一个送上问候……听着班主任的话，那种"怕"与"躲"的念头渐渐消逝，强烈地期待着能够早日与小可成为朋友，能够了解他更多的故事。

　　谢谢你，我的"小老师"，给我上了教师生涯的第一课，让我更深刻地理解着那句话："要相信，世上的每个孩子都是好孩子，只是有着不同的好。"

贺卡上的"鱼刺"

韩彩云

导读

　　孩子的心最娇嫩，孩子的世界最纯洁。当孩子向你捧上最稚嫩的赤诚之心时，你如何去接纳和善待？当你无心伤害了孩子，又该以怎样的心态去面对呢？

　　"学校无小事，教师无小节。"事实上，我们常会因为"不拘小节"而使自己的教育功亏一篑。试想一下，一个班级，如果班主任老师没有良好的行为习惯，总是把讲台和办公区搞得邋里邋遢，书本堆放得乱七八糟，那么如何要求学生的课桌整整齐齐、干干净净呢？一个做事总是拖泥带水的老师，如何要求学生做到有条不紊、踏踏实实呢？一个不讲信用、弄虚作假的老师，如何要求学生做到诚实守信呢？虽然我们可以借"教师非圣贤"为自己找诸多借口，但我们岂能真的因此而放松对自己的要求？

　　这是我亲身经历的一件小事。

　　那是一天上午第四节下课后，在回办公室的路上，班上一名叫小馨的女同学在楼道里追上我，羞涩地递给我一张显然是自己精心制作的漂亮贺卡。贺卡上工整地写着："韩老师，祝您身体健康，工作顺利！"我高兴地向她道了谢。回到办公室，我便随手把贺卡扔在办公桌上，到食堂去吃饭了。还没等我吃完饭，班长上气不接下气地跑来告诉我："老师，小馨在教室里使劲地哭，我们怎么劝也劝不住。"我听了满心疑惑："刚才还好好的，怎么就哭了呢？"心里嘀咕着，我三步并作两步冲到教室。教室里的女同学都围在小馨的座位旁劝她，见我进来，她们赶紧散开坐到自己的座位上。只见小馨脸上淌着泪水，两只肩膀一耸一耸，哭得很伤心。教室里静了下来，她的哭泣声显得越发清晰。"小馨，怎么啦？"我来到她身边轻声问道。听到我的询问，她没理我，却哭得更伤心了，最后竟放声大哭起来。我越是追问，她的哭声就越厉害。一向沉稳胆小的小馨怎么情绪这么激动呢？突然，我发现她的手臂下压着一张贺卡——那不是她刚才送给我的贺卡吗？怎么又回到了她的手里，而且上面还有一些鱼刺呢？

四(6)班　姚庆蕾/绘

　　几个知情的同学把我叫到一边，告诉了我小馨哭的原因：有个同学在倒办公室的垃圾桶时恰好被她撞见，她看到了那张被吐满鱼刺的贺卡，以为是老师扔掉的，便抢过贺卡跑回教室大哭起来。她觉得教师看不起她的贺卡，才把贺卡当了吃鱼的垫板。知道原因后，我再三向她解释，可她还是哭个不停，也不肯把那张带有鱼刺的贺卡再送给我。此时，我的心里很不是滋味，贺卡上的根根鱼刺好似一根根钢针扎在我的心上。我知道，自己在无意中深深地伤害了一颗至真至纯的心灵。我为自己粗心大意的随意行为痛悔不已。我怀着懊悔回到办公室，不一会儿就弄清了真相：原来一位同事在办公室吃饭时，看到我桌上随意摆着的那张贺卡，以为我不要了就拿去放了鱼刺。吃完饭后，同事就随手把它丢进了垃圾桶。

　　听到这里，我连忙跑进教室向小馨说明一切，她听后破涕为笑了，并把那张贺卡重新庄重地递给了我……捧着这张失而复得的曾经沾满鱼刺的贺卡，我深深地感受到：这是一个多么天真善良的孩子！她的童心是那么无瑕，却又是那么敏感而脆弱，我真应该精心呵护啊！

从此，这张带鱼刺的贺卡就成了我永久的纪念。我特意把它塑封后压在了办公桌的玻璃下，因为我知道它身上深藏着一颗晶莹、纯真而又不可欺的童心！它会时常警示、鞭策我要怎样善待一颗颗无瑕、敏感而脆弱的童心……

在有些节日里，孩子们常常会给老师送上贺卡。也许有的贺卡并不新奇，但如果你用心去了解孩子的内心世界，便会发现：孩子们的行为是多么值得称赞啊！他们在小心翼翼中为老师捧上的是多么诚挚的祝福和崇拜，他们多么渴望引起老师的注意。

学生对公平的期待远远超过我们的想象，每一个学生都是一个世界。生命不能重来，童年只有一次，因此，我们这些教育工作者——被誉为"在学生心灵中行走的人"——更应该十分小心地呵护每个孩子的内心世界！要坚持把有益于孩子终身发展的小事做好，不仅要做雪中送炭的事，还要从心灵上关心孩子，给他们真正的心灵抚慰和温暖。它可能就是老师无意的一个举动，可能就是老师率先的一个示范。爱因细腻而伟大，像春风细雨般呵护着娇嫩的幼芽，轻轻地、淡淡地、柔柔地，水过无痕，风过无波……教育似乎就是这样简单！

老师，有时就是学生的精神母亲

张利伟

导读

教育是什么？也许，一千个人有一千种不同的看法。但在与学生朝夕相处的日子里，你会看到每一双眼睛都含有对知识的渴望，每一个小脑袋都装有独特的奇思妙想，每一双小手都能描绘出世界的美丽。用心感受，你会发现，老师有时就是学生的精神母亲：为每一个天使插上飞翔的翅膀，细心地呵护每一个心灵，见证每一个生命的成长点滴。

教育是什么？我带着教科书中诸多的答案和未经解答的疑问走出校门，走进清华附小的校园。在与孩子们朝夕相处的日子里，我感受着，领悟着……

2012年9月新学期伊始，昨天的学生成了今天的老师，我走上了三尺讲台。经过一个月的时间，班里孩子的性格、爱好、学习能力、家庭情况等，我基本上都了然于胸，感觉以后的教学将一帆风顺。然而，小 S 的一句话，却如针扎般刺痛了自以为是的我……

小 S 是我们班的体育委员，体格健壮，嗓门响亮，笑起来却如小姑娘般羞涩。一节课后，他主动跑到我面前，笑眯眯地问我："老师，我这节课上的表现好吗？"我努力回想孩子们上课时认真听讲、积极举手发言的画面，偏偏没有闪现他的影子，可又不想打击他的积极性，于是连忙附和道："挺好的，上课听讲很认真，加油！"他听到后，笑得更灿烂了，大声说："谢谢张老师。"然后他撒腿跑开了。

二(2)班　高明欣/绘

这个细节提醒了我：自己犯了一个多么大的错误，课堂上竟然没有关注到每一个孩子——"漏网之鱼"又何止小 S 一个？

此后的每节课我都会用眼睛扫视全班学生，关注每个学生。那些上课走神、不专心听讲的学生再也不能轻易逃脱我的"慧眼"。此外，对小 S 我也多了一份留意。他看到我关切的目光时，腰板儿会挺得更直，眼睛会瞪得更大、更亮。每次课后，他都"如约而至"跑来问我自己课堂上的表现，在得到期望的夸奖之后，冲我傻傻一乐，就蹦着跳着玩去了。初次体会到关注和夸奖在一个孩子身上能产生如此神奇的作用，我开心极了。

又是一次偶然的机会，我得知小 S 生活中发生了一些变故。原来，一个月前，他父母因为家里的一些事去美国，把他一个人留给姨妈照顾。姨妈对他照顾得无微不至，对他百依百顺，甚至有点娇惯、溺爱。一次放学时，他在姨妈面前肆无忌惮，跟课堂上守纪律、懂规矩的那个乖孩子简直判若两人。我有些惊讶，为什么孩子在学校与在家长面前有这么大的差异？难道是我太严厉了？我百思不得其解。直到有一天，小 S 对我说了一句话，让我明白了其中的奥秘。

一个晴朗的日子，小 S 活蹦乱跳地来到我面前，没有像往常似的问自己的课堂表现，而是微笑着说："张老师，您知道吗，我妈妈要回来了。""老师真为你高兴，这些天你想妈妈不？"他点点头说："嗯，其实您跟我妈妈一样。"突然间，一股暖流从我身上淌过，一时竟说不出话来。8 岁，正是缠着妈妈的年龄；8岁，正是撒娇、无理取闹的时光；8岁，正是需要妈妈陪伴的年纪。稚嫩的心灵，多么需要呵护啊！我为自己能够在不经意间给予他母亲般的温暖和鼓励而感动，又为自己迟钝麻木、没有及时捕捉他心灵的讯息而后悔。如果我早一点知道自己是这么重要，那么我就会……

往常的一幕幕闪现在我眼前。操场上，小S跑着跑着摔倒了，我正好经过，一边斥责一边扶他起来，他冲我微微一笑，但我的脸却很严肃；跑步时，他鞋带开了，急得满头大汗系不好，我弯下腰三下五除二地帮他系好了，他又是憨憨一笑，说声"谢谢老师"，我心里却在想哪个同学像他似的还不会系鞋带；单元测试他成绩很不理想，我严厉的批评让他憋红了脸一句话也说不出来，等下一次考试时追上其他同学……在他心里，留下的也许是我鼓励的眼神和话语，也许是扶起他、帮他系鞋带的大手，也许是严肃的表情、严厉的批评……

妈妈不在身边的日子里，他像一棵小树，自己默默地成长着。他变得坚强了，摔倒了不再流泪；他变得懂事了，一下课就帮我关电脑和投影仪；他变得像个小小男子汉了，班里大大小小的事都操心、负责。妈妈不在身边的日子里，他长大了。我庆幸陪伴他走过这段时光，见证了他的成长。也许，教育的真谛就在于陪伴。

教育意味着什么？雅斯贝尔斯曾说过："真正的教育是一棵树摇动另一棵树，一朵云推动另一朵云，一个灵魂唤醒另一个灵魂。"回首求学的经历，我们又何尝不是被这般教育成才？亲爱的孩子，我愿是那棵为你指明方向、供你停歇的大树，我愿是那朵守护你、推动你前进的云朵，我更愿是那个时刻陪伴你、唤醒你的美好灵魂……用我那十分的耕耘，去呵护你那点滴的成长。

那些无法忘怀的悔

聂 焱

导读

　　小学教育本身就充满了理想的色彩，每天看着孩子们活蹦乱跳，自己心中总是充满希望，总会希求如果人们都有一颗童心，这个世界不就理想了吗？当然，正由于心存理想，在实际的教育工作中总存在着缺憾。每思及此，我的心灵就为一种后悔所袭扰。

　　投入小学教育事业四年有余了，我总想写点什么。天天与孩子们打交道，事情细碎琐屑，笔在手上，竟不知从何写起，或许故事太过于现实，怕写出来总不免被美化一番。其实，小学教育本身就充满了理想的色彩，每天看着孩子们活蹦乱跳，自己心中总是充满希望，总会希求如果人们都有一颗童心，这个世界不就很理想了吗？当然，正由于心存理想，在实际的教育工作中总存在着缺憾。每思及此，我的心灵就为一种后悔所袭扰。或许只要教育存在着，这些后悔就不会停歇。后悔的存在，也证明教师在不断反思，并渴求理想的教育。

一

　　一次，我在讲作业要求时，提到了艺术手法表现的话题。话还没有说完，就有一个学生嘟囔道："什么是艺术呀？"我下意识地回了一句："你连艺术是什么都不知道呀！"班上马上炸开了锅，有一些活跃分子叫喊道："你连艺术是什么都不知道，真差劲！"

　　到现在，我还记得提问的孩子那张憋得通红的小脸。当时，学生的情绪并没有触动我，事后冷静一想：难道我真的就懂得艺术是什么吗？我真有资格轻视学生提出来的问题吗？为什么不借这样一个教育契机，让学生们都谈一谈对艺术的看法呢？想着想着，心中升起一丝后悔。孩子其实都有哲学式的头脑，他们提出的往往是本源上的问题，教师千万不要忽视，而应给他们创造宽松的独立思考的氛围。

二

人有时很容易为一种习惯性思维所羁绊，教育的目的就是要让学生的思维脱离习惯，当然前提是教师的思维先不能固化僵硬。在我刚入职时，就有老教师跟我说，为了培养学生大胆作画的能力，不要让学生用铅笔。当时听了，我觉得很有道理。学生学习美术确实有一个前提，那就是美术为学生提供另外一种可能性，或者说提供另外一种生活方式，让学生在没有对错的艺术世界里找到自信。完成美术作业，理当鼓励学生大胆作画，画出自己的真实感受。所以我会在课上一再强调不能用铅笔作画，不要惦记着用橡皮修改，而用了铅笔的学生，将是我严厉批评的对象。

工作几年后，我发现在课上仍然还有用铅笔作画的学生，铅笔就像融入了他们的生命。情况屡禁不止，原因何在？直到最近，学校要给学生制作一个小巧的美术本，我才找到了答案。其实铅笔非常适合学生作画，因为铅笔芯是有弹性的，又可以修改，比水彩笔、签字笔更容易满足学生的心理需求。同时，也由于过去作画的大纸变成了美术本上的小纸，也适合用铅笔作画。

当我在课上，宣布可以用铅笔作画时，学生非常兴奋，好像多年的手铐被敲碎了。看到他们如此快乐，我在心中忏悔，悔自己无知，悔自己之前的美术教学没有真正走近学生的心灵。其实，要培养学生大胆作画的能力，并不一定要把注意力放在限制学生的用具上，而应展示不同工具的使用方法，让学生自由选择适合自己的工具。这之后，很多学生有了进步，比起以往多了一份灵气与自信。

三

只要留心，你的身边就不缺故事。

这不，课堂上发生的这件事，让我印象深刻。一名学生没有带美术工具，我一急就大声斥责了他："你怎么没带工具？干脆连人也别带了。"

这个学生呆呆地看着我，说："我的工具丢了。"

"那为什么不叫你爸爸买?!"

"我爸爸死了。"学生的声音很大，全班顿时一片寂静。

"不要乱说话，你爸爸怎么会死呢！你这是学习态度有问题。"我有些生气，"你的问题我待会儿来解决。"似乎这就把事情给带过去了。

事后，我越想越不对劲，学生的爸爸为什么不能死呢？我用训斥的方式，把学生的伤心事给勾了起来，这会对他的心灵产生什么样的影响呢？我后悔了。

课一结束，我赶紧把学生叫出门外，询问事情的真相。果不其然，孩子的父亲就在前些日子，因病去世。学生这么小，就要承担丧亲的痛苦，我一时不知说什么好，心中早已满是怜惜之意。

四

或许会有一种后悔是非常"自私"的。

那位患自闭症的学生已经毕业一年了，我还是会时常想起他。思念他并不是因为他那张表情独特的脸与独特的举止，也不是由于他不能与我进行正常的交流，而是后悔没有收藏他的美术作业，把他与他的画当作研究的对象。

我从一开始教这个学生，就发现他对美术的诉求很多，很愿意拿着笔在纸上营造属于自己的世界。他的美术作业线条流畅，细节逼真。他时常会重复一种画面，那就是天在下雨，有一个人坐在出租车里，有一个人开门。当时我只觉得这样的画面很有意思，但并没有作深入的研究，甚至对他产生远离的想法，没能真正了解他。

现在想起来，真应该去深入读懂他的心灵世界：下雨是不是代表他很忧伤？出租车是不是代表他没有归属感？有一个人开车门是不是表明他在等待？……这些纷繁的思绪困扰着我。不对，不是有一次他说他喜欢我吗？不是在课上，有一次他对我说要展示他的画吗？不是他永远有一张笑脸对着我吗？……

是啊，学生并不是被冷静研究的对象。我应该永远把与学生相处的点点滴滴珍藏在记忆里，这不就是教师的有价值的生活吗？我们不能只是通过冷静的研究，或者写出研究性文章来把教育生活精致化、神圣化。我开始明白我为何有这些后悔了……

四(5)班　熊心宜/绘

唤醒我的那一剂清醒剂

李春虹

导读

　　教育需要慢下来。慢，需要平静和平和；慢，需要细致和细腻；慢，更需要耐心和耐性。慢，本身就体现了教师对学生的理解、爱和尊重。对待"问题"学生尤其应如此，要宽容，要等待，不能操之过急，更不能简单粗暴。

　　那是 2010 年 9 月，我刚来到清华附小工作的第一年，作为新教师，除了一份激动与喜悦的心情之外，我也感到了压力：没有教学经验的我如何能够在工作之初就得到孩子们的喜欢、同事们的好评以及家长的认可呢？思来想去，我心里暗暗下定决心，要做一位富有爱心的好老师，对每一名孩子负责，保证不让一个孩子掉队，让每一位家长放心。

　　由于刚投入工作，心高气傲，浑身有使不完的劲儿，对每一名孩子，都高标准、严要求。对于学习习惯不好或者基础弱的同学，我积极跟家长沟通解决的办法，利用一切课余时间帮助"落后"的孩子补习。经过我和孩子们不懈的努力，他们的成绩大都有了较大进步，他们在学校组织的各项活动中也表现得很踊跃。

　　唯有一个孩子一直让我头疼。她就是我们班级的小 A。

　　这个孩子注意力极度不集中，上课时，思维一直处于"梦游"状态，谁也不知道她那小脑袋里装着什么。她学习习惯不好，作业常常不能按时完成，即便完成，也是错误连篇。与家长交流，小 A 妈妈说："在家里，只有我在身边时，她才动笔写字，写字时也是特别慢，一会儿看看这儿，一会儿瞧瞧那儿，很少有专注的时候，本来可以十分钟完成的内容，常常要一两个小时完成。"

怎样能帮助这个孩子养成良好的学习习惯，从而提高学习成绩呢？我开始想办法，从鼓励赏识到提醒批评。但不管我采取什么手段，这孩子依然"顽固不化"，没有丝毫改变。

眼看着她与其他孩子的差距一点点变大，我开始着急。面对她，我始终有一种恨铁不成钢的感觉。不行，我决不能让一个孩子掉队。于是，以下的话语几乎成为我与小A交流的固定台词：

"小A，上课不认真听讲，下课后来找我！"

"小A，卷子有错，过来改错！"

"小A，错不改完，不能自由看课外书！"

……

为了帮助小A尽快地赶上来，我又安排了班级的学习委员和纪律委员进行"24小时的贴身服务"，随时监督、随时提醒、随时帮助。这几个小干部很认真，常常在课间时站在小A的桌前给她讲题。在我和同学们的共同帮助下，小A的成绩终于有了点起色，我开始为自己的举动高兴。

然而，发生在一天下午的一件事，惊醒了沾沾自喜的我。那是一个课间，我正在班级里批改作业，突然，学习委员气喘吁吁地跑进教室："李老师，小A没改完作业，就自己跑出去玩儿了，我怎么叫她，她也不听！"

听了她的话，一股无名之火瞬时涌上心头，心想，这小丫头怎么这么不懂事，学习是自己的事，还需要别人操心！于是就对学习委员说："你再去叫她一次，就说李老师找她！"

学习委员出去了，我不放心，随后也跟着走出教室。刚走到门口，远远地就看到小A正和学习委员在操场上对峙着呢，学习委员伸出手，似乎想要拉住小A，小A则满脸通红，紧咬嘴唇，用力地甩开了她的手。围观的同学越来越多，我赶紧快步走过去快到她身边时，我突然听到小A大声地对学习委员说："你像李老师一样讨厌！"当时，我的大脑"嗡"地一下，一片空白，周围的空气似乎瞬间凝固，我简直不敢相信这句话出自这个孩子之口，心也为之一震，不争气的泪水立时在眼眶里打转，好像马上就要涌出来。

我突然有一种很受伤的感觉。在这个孩子身上，我投入了这么多，付出了这么多，换回来的仅仅是"讨厌"？！

就在这一刻，我好像突然清醒了。我开始反思对小 A 的教育，我的方法和策略始终停留在查漏补缺上，是不是真正从孩子的兴趣出发了呢？孩子之间只有差异，没有差距。每个孩子的个性是不同的，学习基础也不一样，我这种急功近利似的"不让一个孩子掉队"的做法是否真正考虑到孩子的学习需求，并照顾到不同孩子的学习风格差异了呢？

此时，我也重新审视"不让一个孩子掉队"的真正内涵，也许应该将它理解为保证每一个孩子都能在自己原有的基础上体验到学习的乐趣更为贴切。我很庆幸自己能够认识到这一点，并且悬崖勒马。

一(1)班　安乐澜/绘

于是，在教学中，我开始改变对小 A 的教育策略，对她适当降低标准，尽可能创造机会，使她体验到学习的成功。在我的不懈努力下，付出终于有了回报，孩子妈妈高兴地跟我说："小 A 特别喜欢上语文课。"而且，常常在课间，这个孩子会跑到我身边，亲我一口。我知道，这是她亲近老师的一种方式。尽管，现在她的学习成绩还不是很乐观，学习习惯也需要养成，但是，她特别喜欢读书，也常常自己创作小诗送给我。当我对她改变策略，放慢脚步时，我收获的是孩子对语文的兴趣、对我的喜爱以及对读书的渴望，我想，这应该是语文课上更应重视的。

这种理念的转变，让我在对待班级其他的后进生时，也能够静下心来，不再急功近利。张文质老师在《教育是慢的艺术》中提到"教育不能追求立竿见影的效果，'立竿见影'的背后可能就是反教育的行为，所有反教育的行为都立竿见影。"的确，教育需要慢下来。慢，需要平静和平和；慢，需要细致和细腻；慢，更需要耐心和耐性。慢，本身就体现了教师对学生的理解、爱和尊重。

对于学生的成长，确实急躁不得，需要耐性等待。我将以此作为一剂清醒剂，时时告诫自己，欲速则不达，对待"问题"学生，要宽容，要等待，不能操之过急，更不能简单粗暴。

在应试教育和功利社会的夹缝中，班主任应该培养学生低头奋斗的智慧和仰望星空的情怀。要懂得对学生的帮助、关怀和成全，就是对自己的帮助、关怀和成全。

——摘自《清华附小办学行动纲领》

为学生留下终生的回忆

小奖票，大作用
——记我们班的奖票活动

韩彩云

导读

　　"让有意义的事情变得有意思，是静待种子生根、发芽、开花的智慧。"为了让孩子拥有良好的心理素质，为了让学生更好地适应环境，为了让孩子更快乐地学习和生活……我们选择合适的方法和渠道，搭建师生沟通的平台，找准活动的契机，守护学生的心灵。

　　孩子的世界既简单又充满着矛盾——简单到干什么、说什么往往是随心随性。有时他们的心可以很大很大，大到颠覆成人眼中的秩序和规则；有时他们的心却又很小很小，小到只装得下自己喜欢关注和在意的那些人、那些事，而其他无关乎自己的事情统统忽略、视而不见，能见度几乎为零。解决孩子这一特性的最好法宝就是活动教育。

　　请看我们班实施的奖票兑换制活动。

　　一张四四方方的彩色硬卡纸，印上清华附小校徽的图案，一张奖票就诞生了。它活跃在班级中的各个领域：卫生做得好，得1张；作业书写加星了，换1张；课上被老师表扬了，奖1张；为班级作贡献了，加倍奖2张；在学校各项活动中表现突出，那就奖励3至5张……当然了，有奖就有罚。

　　一时间，小小的奖票成了班级各项活动的主角，成了孩子们的最爱。每个孩子的书包里都有一个精心准备的小盒子或小钱包，放着这些小奖票。每到课间，孩子们三个一群两个一伙儿凑在一起说悄悄话，话题当然是晒自己的奖票啦！结果是有人欢喜有人忧。有人喜的是今天又得到5张；有人却发上了愁——今天把作业本忘家里了，得自觉给老师上交 1 张，不然课代表查作业时发现了可就不是 1 张的事了！

只有奖惩还不够，还差一个最重要的环节——得到奖票搞收藏吗？当然不是，他们有更多的活动期待。于是，两周一次的学习物品、营养食品的大兑奖开始了。接着，物质兑奖升级到精神兑奖又新鲜出炉了……

就这样，我们四（6）班的奖票活动轰轰烈烈地开展了起来……

我想当"金班嘴"

很快，一个多月过去了，两周一次的兑奖已经进行了两次。孩子们很快从"明天要兑奖，今天一夜睡不好"，转变为兑奖时忘带奖票夹也很淡定，他们的热情在慢慢退却。我马上设计了活动的第三阶段——"奖票换机会活动"：兑换"班嘴"、"金班嘴"称号；兑换"四（6）班直播间主持人"；兑换一日、一周班干部或班主任……

新的章程一发布，犹如巨石激起千层浪。孩子们又激动、沸腾了，课堂上积极发言的人多了：连续一周每次上课发言 5 次以上，就可以获得"班嘴"称号，连续两周则可以获得"金班嘴"称号。这比兑换物质奖励更让孩子们感兴趣。这样的称号，是一份光荣，是一份可以赢得大家认可和尊重的自信。

小洋已经一周在课上积极发言了，在大家的认可中，她被光荣地评为"班嘴"。班会上，班长和中队长联手为其颁发了"班嘴"胸牌。当班长念到小洋的名字时，一声清脆明亮的"到"在教室内回荡。然后，一个旋风般的身影动了起来，她激动地走上领奖台。当中队长把精致的"班嘴"胸牌别到她胸前时，小洋的一只小手马上小心翼翼地捂上了，好像生怕一不小心碰掉了。

那一刻我明白了：原来，需要变化的不是孩子，而是教师的教育方式，好的教育方式能让孩子觉得自己无比重要。

"闷葫芦"走后门

多多真可以称得上我们班的"极品闷葫芦"了。虽然每次上课我都会关注他，还会经常找一些含金量不太大的问题抛给他练练嘴，可这只"闷葫芦"就是不爱开口。

忽然有一天，当我走进教室准备上课时，多多一下子冲到我面前，小心翼翼地问我："老师，今天上课您能不能叫我两次？"声音虽然不大，但却是那么坚定有力。旁边的同学听了不干了，开始嚷嚷开了："老师，这可不行，他这叫走后门，您应该一碗水端平，不能叫他两次。您要答应他，我以后天天跟您'走后门'……"

多多听了，面红耳赤地说："我只是想多回答几次问题，想当一次'班嘴'。再说了，以前，我好多次都没说，都让你们说了……"

"哈哈……答应你，答应你！让你把以前的补回来……"同学们愉快的笑声荡漾在教室里。

其实，腼腆的孩子不想永远羞涩，而老师要做的就是用特别的方式让孩子告别羞涩。

"昂贵"的"一日班主任"

转眼间，一个学期快过去了，又到"奖票兑换机会"的时间了。同学们提前三天就开始盘算自己小钱包里的奖票数，个个摩拳擦掌，争取兑换时间一到就抢占先机。而坐在第三组第一桌的小纶是众多兑换者之中最积极的一个。

四(6)班　符思潼/绘

可当我宣布此次兑换开始的时候，小纶一不小心把自己装奖票的小钱夹掉到了地上。就在他低头捡的瞬间，班中的"小精豆"小安似一匹黑马从倒数第二桌率先冲到了我面前，把早已准备好的 60 张奖票塞到我手中："老师，给您！兑换'一日班长'和'一日中队长'。我早数好了，绝对不会错。"

"不行，老师，我求您再给我一次机会吧！我都准备好长好长时间了，三次兑奖我都没舍得换吃的，就想攒够了奖票换'一日班长'呢……"小纶可怜巴巴地看着我，希望我能把小安的一半奖票退还。作为老师，我怎么能出尔反尔呢！可是，当我看到小纶那失望的大眼睛时，我的心软了……

没有兑成"一日班长"、"一日中队长"，可是还有"一周班长"、"一周中队长"，甚至还可以有"一日班主任"、"一周班主任"呀。只要孩子有参与的热情、有主动为班集体服务的意识，兑换什么称号又有什么关系呢？于是，用 60 张奖票兑换"昂贵"的"一日班主任"诞生了……

活动方式其实并不重要，重要的是让活动深入人心，让活动积极改变每一个孩子。

从独舞到共舞

王小茜

导读

在我们的教育中，教师会不自觉地过多发挥自己的主导性角色，从而让学生处于被动接受的境地。这一行为抑制了儿童在课堂中获得积极锻炼和发挥聪明智慧的机会。教育不是教师的独舞，而应是师生的共舞。让我们的课堂从教师的世界转变为师生的世界，那样教育就能收获意外的精彩。

期末考试即将来临，我加紧给同学们巩固和温习所学的知识。

可是，同学们在尝到了习作课——"新鲜大体验"的乐趣之后，就不肯再善罢甘休。这不，音乐课自由组合表演的热情还未散尽，"书女"小舒又率领着"小画家"惠子和"乖乖兔"潇潇来办公室找我，说她们准备好了举行"快乐小甜饼"的创意活动。平日里，她们三个在班里是羞于表现自己的，这样"抛头露面"的活动，行吗？再说，期末的时间多么宝贵呀，别的班都在紧张复习。我思考着找什么理由说服她们放弃。也许，她们读懂了我犹豫不决的眼神，说："老师，我们已经把台词背下来了。""是吗？"我不忍心让她们失望，便答应了，"好吧！星期五的思想品德课交给你们。""谢谢老师！"

接下来的几天里，我都在忙着追查平时几个不认真学习的男生的功课，没有闲暇过问她们。

星期五的下午，刚打完1点20分的铃，我就来到教室看她们准备得怎么样。几个孩子早已忙活开了，班里另外几个"精英们"也在帮忙。黑板上已经写上了漂亮的五个大字——"快乐小甜饼"。瞧，"乐"的两点设计成了两个笑脸，"小"字看起来像一根棒棒糖，而那个"饼"字则选择了小甜饼的实物图形。在这五个字的下面，还装饰了六个大甜饼。四个活动内容的标题也已经贴好了。看来，她们考虑得还真周到。

上课铃响了，三个小家伙有板有眼地给大家介绍她们设计的四个板块。之后，她们让同学们从 1 到 6 报数，把同学们分成了六组。我突然间明白了黑板上那画好的六个大甜饼不光有装饰的作用，它真正的功能是积分簿，哪个组获得一分，就在上面画上一个漂亮的小圆点。我不得不又一次佩服这三个小家伙的创意了。果然，同学们也被她们这一新颖的分组和积分方法吸引了。

第一个板块是"趣味谜语"。选择的内容有些简单，我担心同学们不太喜欢。还好几个之后就结束了，权当热身运动吧。

第二个板块是"美术天地"。三个男生，三个女生，男生画蜻蜓，女生给男生王磊现场画像。同学们的美术水平真不错，几下子，一幅幅栩栩如生的图画展现在黑板上。"小画家"惠子还学着老师的样子让同学们点评作品。小毓、秋朦、呈飞和文浩的作品得到了大家的一致认可，分别为他们组赢得了宝贵的分数。

第三个板块是"头脑风暴"。和第一个板块相比，难度要大得多。但是，出示在实物投影仪上的问题，都是小舒事先一笔一画抄写下来的，字迹漂亮自不用说，而且每个问题的答案她都能滔滔不绝地讲出来，给同学们当了一次小讲师。

最后一个板块——"措手不及"最合我的心意，考察的是本学期同学们延伸学习的古诗——带"花"、"雨"、"波浪"、"雪"、"春"、"夏"等文字的古诗。同学们积极性很高，都争先恐后地说出自己掌握的诗。

六(4)班　张永玉/绘

活动结束后，我们一起给她们指出了有待进一步改进的地方，但特别肯定了她们的勇气、胆量和智慧。

下课了，惠子认认真真地给同学们发奖品。同学们兴致勃勃，有几个还问我什么时候也能给他们一个这样的机会。

是的，教育不是教师的独舞，而应是师生的共舞。让我们的课堂从教师的世界转变为师生的世界，那样教育就能收获意外的精彩。

身边的礼物

聂　炎

导读

每个人都期待得到礼物，在教育这个文化领域里，还有什么比细心领会、温柔体悟身边的教育故事更重要的？这些故事对我来说，就是上天给我的最好礼物。这些礼物我会一直珍藏着，将它们陈列在我的教育生命里，时时提醒我为师之道。

对清华附小而言，我是个新人，刚参加工作不到一年，可我却时常收到礼物，确切地说是精神上的礼物。在教育这个文化领域里，还有什么比细心领会、温柔体悟身边的教育故事更重要的？这些故事对我来说，就是上天给我的最好礼物。这些礼物我会一直珍藏着，将它们陈列在我的教育生命里，时时提醒我为师之道。

记得三八节那天下午，学校开展了主题为"献给蓝天的歌"的感恩活动。为了让妈妈们一走进校园就能感受到扑面而来的温馨氛围，学校的大小操场上响起了舒缓的音乐。我的心情也很愉悦，进了班，开始帮助班主任组织学生放学。

一切如常。窗外的春天乍暖还寒，还有些清冷。突然，班里安静了下来，窦校长推开门就走进了班级。她搓了搓手，哈了哈气，满脸的笑容，我的心也跟着她的笑容一起融化了，期待着故事的发生。校长说道：

"今天呀，同学们，窦老师来是一时兴起，抑制不住自己的心情，事先没有任何的准备。下午的时候，我在门口迎接部分家长和继续教育学院的领导到附小来时，一转身就看到一名同学笔直地站在学校领操台的旁边。我就问他：'快上课了，你怎么还不回班呀？'他说：'我的责任是放一些赞美妈妈的音乐。'我听了之后特别感动。上课铃声响了，他把电闸拉下来，关好门，非常从容地离开了那个岗位。他就是你们班的傅弘毅同学。

"我特别激动。在咱们今年讲责任的活动中，每一个学生都担负着自己的使命，每一个人都尽责地完成自己的使命。今天下午，你们也是用责任感恩自己的父母，感恩他们对你们的养育。

"我回到我的办公室，翻啊翻啊，翻出一个小礼物，这也是一个妈妈送我的。我觉得巧克力的味道是甜的，我要把巧克力郑重地送给我们的傅弘毅。刚才我要领傅弘毅到我办公室的时候，他不去，他说：'窦老师，一会儿就轮到我的节目了。'（窦校长捧着巧克力，亲手送给了学生）这代表了学校的心意。同学们，我为咱们班有像他这样富有责任感的同学而骄傲。让我们再次为他鼓掌！"

三（2）班　张旭洋/绘

是啊！校长在百忙中，都不忘赞美学生、送学生礼物的故事，犹如送给我的一份礼物，味道很甜，很值得回味。教育的最终目的是什么？是提升受教育者的个体生活质量和幸福生活的能力。我们可以想象这次经历将会在这个学生心中种下一颗怎样的种子。谁说教育一定是一个个轰轰烈烈的活动？谁说教育要靠说教去维系？教育是用心去培植的绿洲。教育者的眼睛里不能只有"司空见惯"，不能只有"理所当然"，而要用心灵去感受，去发现，去关注。教育无处不在！

小领袖引领班级自治

王芳杰

导读

学生的自我成长是一个从他律到自律的过程。在这个过程中，需要我们做些什么呢？是一味的包办代替还是给予方法的指导？所谓"授之以鱼不如授之以渔"，相信在一个良性的班级道德社区中，每个孩子都能获得成就感和认同感，"无为而治"自然能水到渠成。

"无为而治"是我所追求的班级管理目标。但皮亚杰道德认知理论认为低年段的孩子正处在儿童道德发展的初级阶段，即"他律期"。如何才能实现班级管理的"无为而治"？我一直在不断地尝试、探索着。"什么时间干什么事，在什么地方干什么事，干什么事就要干好什么事。"学校的习惯培养目标给了我很大的启发。

让听广播成为一种乐趣

"别吵了！都安静点儿，现在是广播时间！"我抱着刚从另一个班收上来的作业，急匆匆来到教室，猛然听到这么一声。顿时，教室里鸦雀无声，只见平时嘻嘻哈哈的小唐严肃地站在座位旁。我想同学们和我一样，都被吓了一跳。我赶快放下作业本，这时大多数同学也从刚才的愣神儿中醒了过来，只见东倒西歪的，喝水的，还有话说到一半忍不住要继续的……这时，我理解了小唐！"像什么样子?!……"我想立刻批评大家，但见小唐还严肃地站着，就忍住了。

每天中午，学校丁香心语广播站都有 10 分钟的主题广播。我是班主任和两个班的数学老师，中午经常是出了这个班到那个班。广播铃声响起后很多同学还在楼道里慢悠悠地走着，或是看到我进了班才坐好。我尝试以小组为单位进行记分管理，并针对广播的内容进行提问，但需要一个负责任的孩子帮忙。这时小唐出现了。

小唐是个很阳光的男孩，热心肠，喜欢画画、设计游戏，在班里有很多志同道合的朋友，今天这么严肃我还是第一次见到。

"小唐，你到前面来。"小唐以为我要批评他，有些委屈，但还是走了过来。"从今天开始，每天中午由你负责组织大家听广播！"小唐点了点头，一扫刚才的委屈，眼里闪着光，一连问了几个问题："我可以提问吗？是我来记分吗？我可以提要求吗？""当然可以，这个时间大家都按你的要求来，包括我。"我又提醒道："你可以和大家先沟通一下你的要求，但今天来不及了，广播马上开始了，你先实行，广播后再和大家商量。"

之后的广播，小唐俨然像个小老师，认真严格。走神的、坐姿不好的都没有逃过他的眼睛。那天的广播是艺术长廊，他提了一个问题，有模有样地叫同学回答。也许是第一次由学生组织听广播，大家都很配合，听的也算认真。广播结束后，小唐和大家商量听广播的要求，比如按时进班、坐姿要端正等，其实都是我平时对他们的要求，没想到他记得这么清楚。最后，我再帮小唐树一树威信，问大家："小唐的这些要求你们能做到吗？他为什么要提这些要求呢？"一个同学说："广播里有很多有意思的知识，不认真听就听不到了……"

说到做到，每天广播铃一响，小唐就招呼大家"广播开始了，开始记分"，黑板上也早已经写好了八个小组的序号，红色代表扣分，黄色代表加分。每一分，他都记得十分认真。一次，铃声响起了，我还在批改作业，小唐很认真地对我说："王老师，现在是广播时间。"我突然意识到自己的错误，我要求孩子们认真听广播，自己却在做其他事情，惭愧！这时同学们都在看我，我什么也没说，只悄悄地放下笔，也开始认真听。那天是故事广播，小唐的问题是："咱们学的哪个成语和盲人摸象故事的意思一样？""管中窥豹、坐井观天、以偏概全……"我很惊讶，孩子们真的把故事听进去了，还联系了自己积累的知识，了不起！

此后，不用小唐提醒，每一个孩子都能铃声一响就坐好，认真听广播。

一次参加教研活动回来，带班的老师一见我就说："知道吗，今天中午，广播铃声一响，你们班的孩子就自动回班，小唐又记分又提问的，班里没一个孩子走神儿，都认真地在那听……"

我发现，孩子们就这样悄悄长大了。他们能在小领袖的带领下，开始体会"什么时间干什么事，在什么地方干什么事，干什么事就要干好什么事"这句话的道理了。慢慢地，小唐的工作也越来越顺手，而同学们也养成了专时专用、自我督促的好习惯。大家特别喜欢每次的提问环节，经常因为一个提问引发持续的讨论，进而吸引他们仔细听下一次广播。

听广播变成了一种快乐！

小领袖们在涌现

整路队是班级日常工作很重要的一项，尤其是低年级。无论上操放学还是去上各种课，都需要整好路队。这样一来体育委员就格外重要。但总有学生反映："王老师，我觉得他不会管。""你有什么好的建议吗？你可以把你的建议和他去说一说，帮帮他。"我通过这种方式告诉他们，埋怨和提意见是没用的，帮着解决才重要。

在这一过程中，小冉渐渐成长为一个小领袖。他总结了几个站好路队的好方法，比如：第一，看脚下（踩好线）；第二，看前面（前面同学的后脑勺）。这个方法果然好用，排路队的时间大大节省，同学们对小冉也更加信服了。

越来越多的小领袖像雨后春笋般涌现。每周一、三、五，三名同学主动承担了植物角的管理工作，再也不用我每天唠叨浇花的事情了。"先锋岗的同学跟我走！"这是负责召集先锋岗的小干部要召集同学开会，他根据大队辅导员老师的要求，向大家讲每个人的岗位职责。早上，有同学带领着早读，小队长则带着组员做值日，整理书吧。"嘘！"这是有人在提醒，图书馆中要保持安静……

孩子们这些可喜的变化让我深思：这些井井有条源自何处？答案是榜样的带动！于学生而言，班级建设初期，这些涌现的小领袖们就是他们学习的榜样。小榜样们很快学习和领悟到老师传授的方法，开始承担起班级管理的重任。于这些小领袖自己而言，参与班级管理的过程，让他们找到了自己的位置，体验到当班级小主人的自豪感——这在不知不觉中影响着其他同学。更多的同学开始思考自己能为班级做些什么，每个人都开始主动找自己的位置。

　　教是为了不教。"无为而治"也是一种"不教"的境界。但"无为"的基础是"学生自为"，我的管班之道，就是让"我的班级我管理"的理念深入每个孩子的心灵，并内化为他们的行动。

　　老师"懒"一点，有意"无为"，培养出来的可能不只是能自治的学生，而是未来社会的公民。

二(2)班　张湘林/绘

寒风中站立的天使

吕学敏

导读

　　教育需要榜样，榜样是教育的正能量。有了榜样，孩子们就有了奋斗的方向；有了榜样，孩子们就有了前进的力量。寒风中站立的天使，用榜样的力量教育了自己，激励了自己，也成就了自己！

12月3日，周一，学校升旗仪式。

当时室外气温零下7℃，都可以滴水成冰了。

小操场上，很多孩子有的把手握成拳，有的干脆把手缩进袖子里。望着孩子们冻得红红的小脸，我真的无法说出指责的话。我想，这是人之常情，不能苛责他们。

可我一抬眼，看见了站在我们班队伍前方的五（2）班的从人同学，因为她个子最高。

只见站在队伍最后方的她，双手笔直地伸平贴在裤线两侧，挺胸抬头，一动不动，仿佛面对寒冷，她全然没有感觉。

我立刻就被这个女孩感动了。我教她信息技术课，我了解她是个特殊的孩子。她可以做到如此勇敢，如此坚持，我们班的孩子也一定可以做到！该怎样教育我们班的孩子们呢？

我想到了一个的办法——"现场回放"！

我悄悄地安排站在队伍最前面的两个孩子观察从人的表现。然后我拿出手机把从人上操的表现偷偷地照了下来。而且我特意把"照片显示模式"设置成边照相边把摄制时间记录在相片上的模式。

升旗仪式结束了，我们班的同学回到了班里。他们一坐到座位上，我马上利用教室的多媒体大屏幕，把刚才的照片播放了出来。我边播放边问："看到了些什么？"

有的孩子说她手伸得直，有的孩子说她站得直，有的孩子说她挺胸抬头的样子很精神。我叫起了刚才安排的负责观察的学生峻涛和逸宵。我问："你们看到的是什么？"峻涛一边举起自己的手一边说："她的手一直牢牢地贴在裤线两侧。"逸宵马上补充说："对！她一直就这样，一动没动，整个上操时间都是这样！你们不信？可以看看照片右下角的时间显示。"

我马上接过活来说："她的行为用一个词来形容，可以用什么词？""坚持到底。"我们班的"机灵鬼"润杰脱口而出。"对！她的确做到了。还有吗？"孩子们想了想，张欣然举起了手。她站起来说："勇敢！我想用这个词是因为天气很冷，她很勇敢！她能勇敢地面对寒冷。"我马上竖起了大拇指夸奖她："你很会思考！"

接下来，我并没有马上说她的行为有多好多好，她多么多么值得我们学习，而是手指向黑板前的大屏幕，说："给你们讲个关于她的故事。她又高又漂亮，大大的眼睛很精神。可你们知道吗，她是个有缺憾的天使。她不太会与人交流，说起话来，也是很慢很慢。因为她是星星的孩子，患有轻度自闭症。"我语音一顿，孩子们的眼睛马上显现出困惑的眼神。

我接着说："自闭症就是自己活在自己的世界里。我或许不应该告诉你们她的情况，但我知道你们是健康的天使，你们都有一颗水晶般剔透的心。看到缺憾的天使，我们应该怎样做？"我边说边用手打了个问号。孩子们的手高高地举起，我让最胆小的心怡回答。小姑娘心怡站起来怯怯地说："帮助她，关心她，不能欺负她！"其他同学边听着心怡的回答边点着头，眼睛都一眨不眨地看着我。

这时，我话锋一转，指着大屏幕上的从人，接着问："所以，她都能做到的，你们呢？""能！"响亮的声音立刻响起。"好！吕老师期待以后升旗时，你们都可以向像她这样站！行吗？""行！"孩子们回答得斩钉截铁。

但我知道，知易行难。虽然学生明白了上操要坚持到底，要站好，寒冷中要学会勇敢地面对，但光看照片，我认为教育效果还需要加强。利用中午休息时间，我把从人同学请到了班里。

首先，我把从人介绍给三（4）班的孩子们。从人开始介绍自己："大家好，我是五（2）班的孙从人。"她语速缓慢，并且吐字不清。其实我还是有些担心的，唯恐孩子们的话语伤害到这个有缺憾的小天使。我时刻准备"救场"，但我们班的孩子们让我很骄傲。

她的话音刚落，全班马上响起了掌声。我问他们："你们为什么鼓掌？"班长小胡说："我的掌声就是要夸夸她。她真棒！她是我们的榜样。因为她在上操时用自己的行动告诉我们什么叫'坚持到底'！"小雨说："她告诉我，面对寒冷，我们不能退缩。"贞琦说："从人同学，我们以后一定向你学习！"

听着他们的话，我笑了！我的孩子们看待她的眼神很温暖，而从人同学自始至终都是微笑着，听着——她会看着说话的同学了！

看着从人发自内心的笑容，我也笑了。教育的魅力往往不在奇迹的发生，而在孩子们的点滴变化、细微转变！

12月17日，周一，学校升旗仪式。

早上室外气温零下10℃，还刮着三四级的风。别说孩子们了，就连我也是大羽绒服一穿，大围巾一围，双手缩在衣服里面，嘴里不停小声叨唠着："冷啊！冷啊！"

当我走向操场时，心里还在嘀咕着："今天，我的孩子们能扛过去吗？升旗可别被点名啊！"我有点不放心他们。不出我的意料，升旗前体育老师整队时，我们班又被点名批评了。

正在犯愁，我一抬头看见佳彤同学，她双手伸得平平的，胳膊也紧紧地夹在身体两侧，身体站得直直的，一动不动！

只有她一个人勇敢地挑战着寒冷！

我立刻用手机记录下了这个感人的背影。

一边看着她，我一边想，这个孩子真的很棒！我们班的所有孩子要是都能像她这样该多好啊！要不再来次"现场回放"，让孩子们同我一样体会到什么叫"榜样的力量"，什么叫"我能坚持到底"？这回的榜样就在我们的身边。

中午午休，我将照片在班里滚动播放。孩子们的嘴张得大大的。我问他们："看到照片，你体会到了什么？"小辛说："她可真勇敢！这么冷的天，她都站得这么直！"志轩说："她可真棒！她是我们班的榜样！"我肯定了孩子们的体会："没错，这就叫勇敢，这就叫坚持。她真是我的骄傲。今天上操虽然班里被批评了，我心里很不好受，但看到她，我又看到了希望！我想问大家，

一（6）班　张桐悦/绘

她能行，你能行吗？""能！"声音响彻教室。"那请佳彤到讲台前！"这个平日里腼腆的小姑娘今天一点儿也不腼腆了。她脚步稳健、自信地走到了讲台前。

　　"两臂前平举！"随着我的口令，她快速、有力地举起了手臂。"小逊，请你到前面推推佳彤的手臂。"小逊是个平日里胳膊总没力，双手伸不平的"老顽固"。他走到佳彤身后，没敢用力，轻轻推了一下。佳彤自然丝毫没动。"使点力气！"小逊这次可没敢留情，使劲儿地推了一下。佳彤的胳膊虽然晃了一晃，但就像树枝一样，直直的没弯。我问小逊的感受，她小脸儿红红地说："她很用力！我以后也要向她学习！""那你站在她的身后，也做一次侧平举！"她这回胳膊伸得直直的，手也伸得很直。

　　我告诉孩子们："这就是我们要学习的榜样。现在，时间已经过了三分钟，佳彤的胳膊一点儿都没有晃动。"他们不由自主地鼓起了掌。"今天上操我们挨了批评，但老师相信，明天的我们一定可以做得最好！因为我们有了榜样！你们同意吗？"孩子们纷纷点头。

又一周，升旗。这一天，我们班做得很棒！

再一周，升旗。我们班得到了体育老师的全校表扬！

教育需要榜样，榜样是教育的正能量。有了榜样，孩子们就有了奋斗的方向；有了榜样，孩子们就有了前进的力量。

在寒风中站立的天使啊，你们也是我的榜样，指引我不断前进！

焐热心灵

赵 静

导读

我们常说"冰冻三尺，非一日之寒"，焐热一颗心也绝非一日之功。这个过程，是执着，是等待，是静听花开的恬静，是臻入化境的温暖，更是智慧的传承。

教育要慢热。

教育是等待的智慧。

每年下雪，我都会想起那个送雪球的孩子……

那是9月一个普通的早晨，温暖的阳光洒遍校园的每个角落。所有的孩子都已经走进教室开始上课。我扫视了一下四周，已经没有学生了，正准备离去。就在这时，一个细细的声音传来："老师——"只见校门口的柱子后面，有一位满脸无奈的妈妈，还有那个躲在妈妈身后，紧紧拉着妈妈的衣襟，只露出一双怯生生的眼睛的小男孩。

又是一个不肯进校园的小男孩和一位纠结的妈妈。

我微笑着快步走过去，蹲下来，想拉住小男孩的手。可我还没把手伸出来，小男孩"哇"的一声哭了。我愣在那里，不知所措……

"小宇不哭啊，妈妈上班要迟到了，跟老师去好吗？……"妈妈一边安慰小宇，一边给我使眼色。我知道，她是想让我把孩子带走。我心领神会地和妈妈一起安慰他，趁他不注意一把把他抱了过来。就在这时妈妈转身走了，只剩下我和号啕大哭的小宇。小宇撕心裂肺地喊着妈妈，我手足无措，不知如何是好，只好抱着他回到办公室。在众多同事的安慰下，小宇终于不哭了，只是冷冷地盯着我，不住地抽泣。我的心里一阵难受，我知道我伤害了小宇。

第二天一大早，我就等在了校门口，想弥补昨天的错误。远远地看到小宇，我马上迎了上去，想拉住他的手，可他躲开了我的手，迅速躲在妈妈的后面。"你这孩子，怎么回事！老师来接你，你还——"妈妈边说边拉扯孩子。小宇拼命躲。我马上阻止了妈妈，让妈妈陪着小宇走进了校园。

为了让小宇不再讨厌我，以后的每一天早上，我都在校门口等着他到来。一见他，我就快步迎上去，蹲下身，拉起他的小手，然后再一起走进校门。开始他不愿意，慢慢地，便不再挣脱了。我兴奋不已，看到了"和好"的曙光。就这样，日子一天天过去了。一个月了，他没再逃避我，可也从没给过我一个微笑。不管我用什么方式逗他，跟他聊天、说话，他都不理我。他成了我的一个心结。

一定要对他好一点，再好一点，我不住地这样告诉自己。课间，我会轻轻地走到他的身边，悄悄地在他耳边说："别忘了喝水哦！"说完我还会轻轻地摸摸他的头。我知道他吃饭很少，午餐时便带一些小的糕点悄悄地放在他的餐盘里；每当他作业干净整齐时，我都会为他竖起大拇指，给他一个肯定的眼神……就这样又一个月过去了……他依然不理我。我的挫败感越来越强，心结也越来越重。唉，就是一块石头都焐热了吧！

不知不觉，冬天来了，一场大雪让全校的师生都兴奋了。打雪仗！打雪仗了！大课间，无数小精灵冲向了操场。我作为学生的重点目标之一，身上不住地"中弹"。可我也不甘示弱，团了好几个雪球准备反击。一个，两个，三个……当我不知扔出去多少个雪球的时候，才反应过来，我做的雪球应该没有这么多吧。猛一转身，一个小小的人正在卖力地制作"弹药"，雪不够了，他就在"枪林弹雨"中蹒跚着"转运"，一次又一次……是小宇！

我眼睛一热，脸上却挂满微笑。直到这时，我才知道，他并不是不理我，也不是不知道我对他好，只是不知道怎么向我表达。我的心结终于打开了。

每一个孩子都是独特的。有的孩子爱说，有的则更愿付诸行动。他们都有着丰富的感情世界，就看你愿不愿意小心地去呵护那柔软又脆弱的世界。

生命不能重来，童年只有一次，成长需要等待。园丁把对花儿的爱蕴含在等待之中——守候花期，俯身花树丛中，浇水松土，精心呵护，这种等待收获了万紫千红；果农把对果树的爱浸透在等待之中——渴望成熟，穿梭林间，剪枝施肥，悉心照管，这种等待换来了满园飘香，果实累累。"十年树木，百年树人。"作为老师，在教书育人这长期、系统、复杂的过程中，我们更应用爱心去呵护童心、守护童年的成长。

我很怕冷，不喜欢下雪，小宇却让我爱上了雪。每年下雪，我都会想起那个为我送雪球的孩子……

二(1)班　孟繁麒/绘

要南风，不要北风

王 艳

导读

北风固然凶猛，结果事与愿违；南风虽然徐徐，却达到了预期的目的。"西北风式"的凌厉、赤裸固然能使学生震颤，而"春风式"的温柔、惬意更能使学生心结解开，心花怒放。教师的智慧是"化干戈为玉帛"，学生的进步就在老师一个亲切的微笑里、一句温暖的问候中。

曾看过这样一个故事。

北风和南风看见一位穿大衣的人在路上行走，想比试一下，看谁能把那人的衣服脱掉。北风先施威严，猛刮猛吹，行人为了抵御北风的侵袭，反而将大衣越裹越紧。这时，南风徐徐吹动，顿时风和日丽，行人越走越热，最终脱掉了大衣。

北风尽管威猛，但事与愿违；南风徐徐吹来，却如愿以偿。这就是所谓的"南风效应"。我们的日常教育工作，又何尝不是如此呢？

那天，研讨课一结束，许多学生围过来，叽叽喳喳地说个不停。有一个学生问："王老师，我今天表现好吗？""不错。"我回答道。突然，我发现小祺也在其中，便顺口说了一句："你今天表现也很棒！"他听了，掩饰不住内心的喜悦，高兴地跑开了。他是我们班出了名的调皮大王：课间生龙活虎，调皮闹事；上课好动，心不在焉。我想把他雕琢成"美玉"，无奈他似乎天生

"顽石"，任你怎么样，铁板一块。没想到一句简单的表扬，竟让他高兴了一天。

　　心理学研究表明，信任可以使人产生一种"意向效应"，给人以"关注"的暗示，能增强人的自信。老师的信任是对学生人格的尊重，它会变成一种无形的力量，促进其不断努力，取得进步。

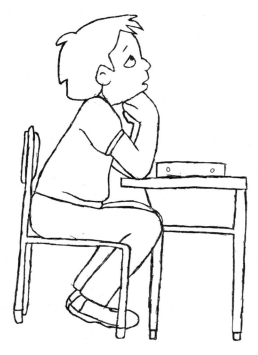

三(6)班　谢秉辰/绘

　　当天下午，我们班进行班委竞选。竞选演说已接近尾声，那些熟悉的班级佼佼者声情并茂的演说感动了每一位同学，赢得了一阵阵热烈的掌声。我的心中却有一丝失落：难道班级管理仅仅是这些同学的专利？带着些许的期盼，我走上了讲台。刚想再来番鼓励和动员，只见一只小手从教室的西北角颤颤地举了起来。是小祺！他脸涨得通红，睁着一双满含着渴望的眼睛，见我注视他，手臂更抖了。同学们也随着我的目光转向小祺，有的疑惑地睁大了眼，有的轻轻摇摇头，他的同桌更是急忙扯了扯他举起的胳膊——谁也没想到小祺能参加班委竞选。我给他送去了一个鼓励的笑，然后，大声宣布："欢迎小祺同学上台演讲！"他愣住了。我走下讲台，把他邀请上来。由于过于激动，他有点结巴，有时甚至词不达意。等他演讲完，我轻轻问："是第一次吗？"他羞涩地点了点头，不安地回到座位上。我照例总结了演讲情况，最后提出了一个问题：在今天所有参加竞选的同学中，你最佩服谁？为什么？当听到许多同学说出"小祺"的名字时，我发现，小祺竟激动得流泪了。

他把这件事写到了作文中，结尾是这样写的："是老师的微笑鼓起了我的勇气，让我感到自己能行。老师在我成长的道路上鼓励了我，谢谢老师！"我想，人的精神生命中最本质的要求就是渴望得到赏识。面对小祺这样的学生，徐徐南风更容易吹进他幼小的心灵！

苏霍姆林斯基说："教育的成功在于尊重学生。"教师教育学生要讲究方法。当学生犯错误时，你大可不必对学生进行严厉的指责批评，那样会使学生的"大衣裹得更紧"；采用和风细雨的"南风式"教育方法吧，你将轻而易举地让学生"脱掉大衣"，达到你的教育目的。

北风固然凶猛，结果事与愿违；南风虽然徐徐，却达到了预期的目的。让我们试着用徐徐的南风去吹拂周围的孩子吧！

为学生留下终生的回忆

王小茜

导读

　　"为了这次班队会，我们下了不少功夫，颇有'台上一分钟，台下十年功'的感觉。开始，我只是预感这是一次让那些害羞的同学展示自我的机会，没想到却是一次让人震撼心灵的感动……最后，一在泪水与歌声中我们接受了一场心灵的盛宴，一次爱的洗礼！"是啊，教育就应该给学生留下一些刻骨铭心的美好记忆。毕业时节，是种下这些记忆的好时机。有了这样的活动，留下终生的回忆，是会让学生的精神变得纯粹并得到升华的。

　　离六年级毕业的日子越来越近了。在这孩子们生命成长的关键节点，我想除了让学生以自己最好的学业成绩升入中学之外，还应在他们的心里留下更多美好的、难忘的回忆，让他们想起这段日子时能感到幸福和喜悦。

　　在五年级和六年级上学期，我曾利用作文课时间搞了许多有意义的活动，不但让同学们迷上了作文课，而且积累了经验，无论说、写还是演，他们都变得更加大方、生动和熟练。但遗憾的是没能让家长们参与我们的课堂活动——每次我提议作文课请家长来观摩，孩子们都说有家长在他们会紧张。

　　2012 年的三八节即将来临，我想作一些改变：何不趁着节日，以"献给母亲"为主题，设计一次班会活动呢？在同学们即将告别童年时，让妈妈和他们一起分享成长的快乐，让孩子们有一次在公开场合交流和表达爱的机会，让这些即将"起飞"的孩子在爱的洗礼中飞得更高、更远……

　　只有一周的准备时间，我开始紧锣密鼓地筹划：让同学们准备想展示给母亲看的精彩节目；每个人给自己的母亲写一封情真意切的信；收集或自己动笔创作一首献给母亲的诗；集体练习一首献给母亲的英文歌 *Happy Family*；写串词，培训平时没有主持经验的新主持人；预定 50 枝康乃馨……

在班会开始前的十分钟，所有的一切准备就绪。几句开场白之后，我把舞台和话筒交给了同学们。我和妈妈们坐在一起欣赏着同学们的表演，孩子们比平时更投入。

在"钢琴才子"文浩的优美琴声伴奏下，同学们面对着自己的妈妈深情地用心歌唱着英文歌 *Happy Family*，妈妈们也疼爱地注视着自己的孩子。"妈妈，我爱您；妈妈，谢谢您！"同学们大声地说出了自己的共同心声。

之后是五个酷爱流行音乐和舞蹈的漂亮"MM"的表演，她们力求完美的敬业精神令人感动。自编自演的舞蹈无论分工还是设计，都让大家刮目相看——动作娴熟，富有活力和节奏。真没想到在这么短的时间内她们能准备得这么好。

在两个相声表演中，表现突出的是小辉，可能是妈妈在台下的缘故吧！

在快乐的亲子互动游戏后，所有人的情感由兴奋、开心转为感动、激动。

同学们第一次在公开场合把自己写给母亲的信读了出来，把自己的心里话大声地讲给妈妈听。全场安静极了。随着抒情而悠扬的乐曲，通过麦克风的传送，读信同学的声音是那样的清晰。大家都沉浸在爱的回忆之中……

小冉轻盈地走上台来。刚开始她还能清晰明快地向妈妈诉说心声，但是过了一会儿，她的眼圈渐渐红了，声音微微颤抖，泪水模糊了她的双眼。小冉用不住颤抖的声音坚持读完了她对妈妈要说的心里话，捂着鼻子跑了下来。这个平时坚强的孩子，是用泪花感谢母亲这多年来的教导，用泪水在歌颂母亲的伟大。

抬眼望望四周，不少同学和家长都哭了，就连那些平日嬉笑的男生也红着眼圈……是啊，孩子们长大了，懂事了，理解了妈妈为他们付出的太多了。

今天，我也特意把自己 64 岁的母亲请到了班会现场，借此机会也向她表达了自己的感谢之情。

在甜美的歌声中，我们的班会——"献给母亲"接近尾声了。灯熄了，钢琴伴奏声响起，蜡烛点燃了，台上的同学手举红烛唱了起来："把所有的爱，圆成一个梦，在那东方的阳光下开始一道青春的行程……"全场的人们都被眼前这一幕感动了。

六（4）班　孙　芮/绘

看着这些天来一直忙碌策划的活动有了圆满的结果，我的心里感到由衷的喜悦。

班会后，同学们还写了作文，一篇篇情真意切。

小夏同学写到："那一刻，我很惊讶自己突然理解了母亲，我更为自己理解了母亲而感到快乐！"

小艺同学则说："流泪了，为了母亲的爱。若不是亲身经历了那一刻，我永远不会相信那一切……在我的心里我不得不承认备受感动，得到了一次用爱净化心灵的机会……我的心里筑起了一道爱之墙，它会使我的心灵的天空更加蔚蓝、爽朗。"

小毓同学也说："为了这次班会，我们下了不少功夫，颇有'台上一分钟，台下十年功'的感觉。开始，我只是预感这是一次让那些害羞的同学展示自我的机会，没想到却是一次让人震撼心灵的感动……最后，在泪水与歌声中，我们接受了一场心灵的盛宴，一次爱的洗礼！"

……

是啊，教育就应该给学生留下一些刻骨铭心的美好记忆。

毕业时节，是种下这些记忆的好时机。有了这样的活动，留下终生的回忆，是会让学生的精神变得纯粹并得到升华的。

播种梦想

梁营章

导读

梦想是人生最甜美的记忆：因其真实地来自个人不受干扰的内心而甜；因其朴素地生根于自己内心的渴望而美。作为教师，无痕地让学生拥有梦想，并为其绽放出彩无条件地提供机会，是一种教育智慧。

2012 年元旦前夕，学校的各个班级照例要举行元旦联欢会。新年伊始，学生对未来一年充满了美好的期待。如何让学生播下梦想的种子呢？有一个班级在圣诞节开展了"你是我的圣诞老人"活动：通过抽签，一些学生成为另一些学生的圣诞老人，然后帮助他们实现圣诞愿望。何不借鉴一下这个活动呢？于是，利用学校周一升旗仪式的契机，学生研究中心向全校学生发起了征集 2013 年"我的清华附小梦"活动，并宣布将由校长在元旦联欢会上，每班抽取一个学生的梦想，这个学生不但可以向大家展示自己的梦想，并有机会获得校长的奖励或校长帮其实现。

活动开始后，学生们纷纷将自己写的新年愿望，放入"清华附小梦"的箱子中。每一个学生脸上无不洋溢着喜悦和美好的期待，好像那放进去的不是一张纸条，而是一颗纯真无瑕的童心。

我的首场个人演唱会

在同学们的期待中，2013 年元旦联欢会开始了，教室里贴满了同学们自己写的对联，还有很多学生手工制作的祝福贺卡。校园里到处都充满了新年的欢乐气氛。

"同学们，现在请窦校长抽取我们班一名同学的新年梦想！"当我大声地宣读活动开始时，三（5）班的教室安静了下来。同学们都盯着校长和盛放他们梦想的箱子。

"现在请这位同学大声地读出自己的梦想。"窦校长轻轻抽出一张纸条后说道，"他的名字叫段睿思。"

只见一个男同学欢呼着跳了起来，一下子冲到了校长面前。

"我的梦想是要开一场个人演唱会，邀请校长、老师们和同学们当观众。"当他读完新年梦想时，班级里响起了热烈的掌声。我仔细打量了一下这个学生，圆圆的脸蛋，戴着一个黑边眼镜，显得沉稳又不失少年的灵气。

"我和全校的许多老师都在这里，我们就是你的观众，你的个人演唱会现在开始！"窦校长微笑着向段睿思说。

"我用意大利语唱一首歌。"

"好，好！"在场的老师和同学们，都应声叫好。

……

其实刚开始的叫好，原本只是保护他坦率真诚的童年梦想。但是接下来，段睿思用高亢的嗓音，流利地唱完了一首意大利歌曲，表现堪称完美，令人叫绝。我听不懂他所演唱的歌曲的歌词，可是他那流畅的动作和充满激情的表演，以及展现出的那份自信、那份阳光，让我们有理由相信成为男高音歌唱家的梦想已经扬帆起航。

只要有舞台，每一个生命都可以很精彩，哪怕是一个三年级的小男孩。段睿思的表现说明了一切。

长大后，我要当附小保安

精彩的梦想和感人的故事还在继续。老师们和窦校长一起来到了四年级。

"我长大后想当附小的一名保安，保护这美丽的校园。"一个学生说。

当这名同学的梦想被大声读出来时，我有一种莫名的感动，在场的老师也显得很兴奋。这是四（3）班的一名普通学生。班主任老师说，他平时就很喜欢帮助周围的同学，积极在班级里做事，虽然成绩不是最好，但有一颗真诚的心。

三 (4) 班　韩榀琪/绘

多么朴实的想法！当他的梦想被读出来时，我还是有些担心，他会不会因为这样一个不够"远大"的理想，而被同学们看不起？我想起了2008年访问香港大学时，导师向我引荐的一个人——香港大学的报刊送递员，一个30多岁，身穿浅灰色工作装，脸上始终洋溢着灿烂微笑的男子。导师说，从现在内地人的角度来看，这样一个在大学工作的人，无论是社会地位还是心理感受，都会有很大的落差，也会被家人和社会认为低人一等。而在香港则不同，每一个人无论干什么工作，只要自己真心喜欢、自食其力，并创造性地做好自己的工作，都会得到周围人的认可。虽然他是一个普通的报刊送递员，但是学校领导和老师以及大多数学生都认识他，他本人也内心平静，感受到自己劳动的价值和快乐。

看到这样一个学生，他的理想如此真诚，如此朴实，作为一个成人，我不禁要向他致敬——为他的勇敢和坦率。作为一名教师，我为能帮助儿童捍卫如此可爱的理想和追求而骄傲，也为能营造如此宽松的氛围，让他们坦诚自己的梦想而自豪。

我想飞起来

每一个孩子都是独特的，梦想也各不相同。当来到一年级的时候，被校长幸运地抽到的一个小女孩，瘦小而有灵气，她的新年梦想是"希望自己能飞起来"。

为了能满足她新奇的，似乎有些不可能实现的梦想，电教组的老师们在最短的时间内制作了一个精致的视频短片。视频中，老师们为这个小女孩设计了一身天使的衣服，背上插了一对天使的翅膀。在充满童话的意境中，她展翅飞翔。

当这段短片播放时，所有的孩子，都专注地看着那个同学在视频中"展翅高飞"，他们惊呆了；而那个实现了新年梦想的学生，更是惊喜且感动。

窦校长现场手写一份校长奖，对她勇于展开想象的翅膀给予大力表扬，并赠送她一个精美的礼物。

教育是播种梦想的事业。

我们就是这样的播种人，把梦想的种子，撒在学生的心中，并让它开花、结果……

"课堂小天地，天地大课堂"，生活处处皆教育。在"1+X课程"中，努力体现学科教学活动的趣味性和教育性，让学生们对学校每一天的生活充满期待，让课堂学习成为学生们最喜欢的活动之一。重视国家法定节假日及各种文化主题的教育活动，努力使其成为学生终生难忘的记忆。

——摘自《清华附小办学行动纲领》

家长是你的重要盟友

家长是你的重要盟友

张 晖

导读

　　在学生健康成长的过程中，如果把学校的教育比作阳光雨露，那么家庭教育就是学生健康成长的肥沃的原始土壤。只有双方面的无间合作才能形成教育的合力，为学生的健康成长提供立体的、全方位的呵护。不要忘记，在学生的教育中，家长是你的重要"盟友"。

　　在我教过的学生中，有的令人终生难忘，比如一个叫小笑的小男孩。

　　那是开学的第一天，我和许多孩子聊天，他们围着我，有的告诉我："老师，我在学芭蕾，已经考过了二级。"有的抱怨说："老师，我在学钢琴，我不太喜欢，但是我妈妈要我学。"就在这些你一言我一语的活泼的孩子旁边，有一个长得白净而俊俏的小男孩一直徘徊着。

　　他就是小笑。

　　在后来的课堂上，小笑举手回答问题非常积极，应该是个机灵、聪明的孩子。让人不解的是，小笑和班里的孩子不怎么说话，也很少和班里的孩子一起玩。

　　一个多月过后，我和班里的孩子磨合已基本完成，但小笑反而不像以前认真听讲了，对老师的提问"听而不闻"，有时甚至和老师唱起了"反调"，手里总是有铅笔盒或橡皮之类的"玩具"，还有不按时完成作业的现象。当我警告他退步了时，他满不在乎，还好像有点高兴。学生出现了这种情况，作为老师，我认为有必要和他的家长联系一下，希望孩子能在家长的督促下意识到自己的不足，争取进步。就在一天放学时，我找到小笑，问他："今天放学是谁来接你回家？"他说："我爷爷。""那好，放学时我们一起出去，老师想和你爷爷谈点儿事。"他的脸顿时沉了下来，却什么也没说。

放学后，我来到学校门口，找到了小笑的爷爷，和他说了小笑近来的表现，他爷爷认真地听着。说完之后，他只说了一句："这孩子太淘。"接着他转身对小笑说："你的水壶呢？是不是又忘了？快回去拿。"他又对我说："老师，您多费心了，我会告诉他爸爸妈妈的。这孩子的家太远，他在我这儿住，学习全都由他的一个上初中的姐姐来管。"等小笑从教室里取回了水壶，爷孙俩就骑上小小的自行车，回家了。

可是在和小笑的爷爷面谈以后，我并没有看到小笑有什么改进。一天早晨，在交前一天的数学口算作业时，有一位同学忘了在口算卡上写上自己的名字就交给了小组长。正好这天小笑忘了把自己的口算卡带到学校，他就拿了那张没写名字的口算卡，写上了自己的名字，并交给了小组长。

不久后开家长会，来参加家长会的是小笑的父亲。我先向他询问了小笑在家里的情况。原来小笑的父母在昌平工作，他们的家也在昌平，爷爷是清华大学的一名普通退休职工。为了上学，小笑就在爷爷家住，生活的一切都由爷爷照顾。由于爷爷的文化程度不高，给小笑的只能是一些问寒问暖的照顾，他的学习就由一个正在上初中的叔伯家的姐姐来辅导。父母只是在周末、节假日时来看看小笑，要遇上出差或工作太忙，加上离家又远，和小笑见面的时间少之又少。平日里小笑淘气，爷爷和姐姐的话他都不听，只有严厉的爸爸能管住他。

小笑无法像其他孩子那样从父母那里得到应有的爱，他希望得到的是别人更多的注意，更多的爱。既然这样，我们就应该弥补上。小笑的主要问题出在家里，那就应该先从家长那入手。我认为此时和他的父亲说再多小笑的不良表现也不会有用，只会增加负面效应。于是我决定与他的家长共同努力、合作教育，发挥老师作为学校与家庭合作教育活动中的组织者和策划者的作用。我和他的父亲商定好了几条：第一，每次和小笑见面时无论多忙都要给他讲个故事，或长或短，多少不限；第二，每隔一段时间，应该带他出去玩玩，或远或近；第三，无论小笑犯了多大的错误，都不要严厉地批评或惩罚，以"就事论理"为主。

除了与小笑的父亲保持沟通外，在学校里我也尽我所能，把作为老师能给学生的爱都给他，多关注他。在课堂上，他违反纪律的行为，只要不影响正常的教学，我就故意不去注意。渐渐地，他会明白他这样做并不会达到他所期望的结果，就会减少在课堂上违纪的次数。下课时，我会把他叫到身边，指出他作业中的错误。

一天下午，我见他从教室外低着头走进来，坐到自己的座位上就用手捂着脸，还不停地揉眼睛。起初我以为他是午睡还没睡醒，还拿了他的作业本，把他叫过来。当我抬头一看，吓了一跳，他的左眼眶都蹭破了，左边的脸和眼睛又红又肿。我忙问他："你怎么了？""我上楼时，不小心踩空了，磕伤了脸。"二话没说，我牵着他的手就直奔医务室。几天后，他康复了。从那以后，每当我把他叫到身边，他就自然倾斜地靠着我，有时还把双手搁在我的腿上。

在班里的图书角征集图书的时候，他把收集了很长时间的小动物卡装进了一本小相册，带到班上，交到我的手中，说："这是我爸爸去很远的地方给我买的小卡片，我刚刚收集全，我愿意把它给全班同学看。"还有一天中午，他很早就来到学校，走到我的身边，拉着我的手，给了我一个漂亮的小礼品盒，说："老师，我送您一件小礼物。"这是我和他进一步交流的好机会，我问："你为什么要送我礼物呢？"他想了一会儿，说："我也不知道，只是想送给您。"我笑着接过了那个小礼盒，他就红着脸跑开了。但我一打开盒子，出乎我的意料，里面放的是一张小纸条。展开纸条，上面是他自己写的一句话："老师，我爱您。"我激动得眼泪在眼眶里打转。

二（1）班　杨馨玥／绘

苏霍姆林斯基说:"儿童只有在这样的条件下才能实现和谐的全面发展,就是两个'教育者'——学校和家庭,不仅要一致行动,要向儿童提出同样的要求,而且要志同道合,抱着一致的信念,始终从同样的原则出发,无论在教育的目的上,过程还是手段上,都不要发生分歧。"可见,家庭和学校是儿童教育的最佳合作者。

好的教育是家校精心合作的结果,学校教育不能唱独角戏。高明的教师,应该把家长争取为教育的同盟军。

教育中的"合唱"与"伴奏"

姜玮

导读

学生的健康成长，需要学校和家庭的共同努力。"流水不腐，户枢不蠹"，沟通的妙处正在于此。建立良好的沟通渠道，对于学生的学习、生活乃至精神状态尤为重要，这不仅会让家长和教师能更多、更全面地了解孩子的情况，做到有的放矢，同时也能减少重复性劳动和教育过程中出现的矛盾，让双方的努力能够正向叠加。这就好像一台合唱，应和之间的配合、伴奏恰当与否，都是左右最终演出效果的重要因素，每一方都不可或缺。

联盛馆，随着琴音袅然渐起，我的耳边也响起了一段熟悉的旋律——《同一首歌》。老实说，作为一名新入职的教师，当我看着这群脸蛋红红的、忽闪着大眼睛的"可人儿"们齐齐地站在台上，稚气未脱地唱出自己的心声时，我感到了那份独属于教师的幸福。当我的目光落在琴音飘出的角落时，一个身穿校服，坐在钢琴前忘情弹奏的身影映入我的眼帘。这还是那个平时沉默寡言、爱脸红的女孩吗？这还是那个因为自责而落泪的小姑娘吗？……

两天以前。"停！怎么还没练好！"音乐老师不客气地打断了凌乱不堪的伴奏琴声。练习合唱的学生规规矩矩地坐着，鸦雀无声。他们的目光都聚向了钢琴旁的女生。她一声不吭地坐在钢琴前，拼命地掩饰着眼眶中溢满的泪水。"这么多天还是这种效果，你到底练习没有？后天就演出了，如果你真的不行，我请其他音乐老师替你！现在先去和大家一起唱！"女孩不敢抬头回应同学们和老师的目光，低头含泪蹭到了座位上。杨老师无奈地摇摇头，亲自伴奏起来……

　　被老师狠批的孩子叫晨曦，钢琴带给了她荣耀，她曾凭借自己不懈的努力通过了钢琴九级考核。但这次，同样是钢琴，给她带来的却是深深的自责。这份自责也拷打着站在台下的我——她的班主任。"为什么还是没练好？"我自问。是啊，以晨曦的水平，只要练习过是一定不成问题的。那么，是我遗漏了什么吗？看着台上的她，我突然意识到也许她对钢琴的自信正是问题所在。是啊，我们不是习惯于把自认为有把握的事放到最后去做吗？而我在这件事中又做了什么呢？我眼前浮现出这样的情景。

　　　　一个月前，教室。"晨曦，咱们班可能要编排一个合唱节目，曲目暂定为《同一首歌》。如果让你来伴奏，可以吗？"刚刚接到通知的我暗自为自己班能有这样一位"特长生"而得意。孩子也果然没让我失望，毫不迟疑地回应："应该没问题，但是我需要些时间练习。"孩子走后，自以为问题已经解决的我便把此事扔在脑后，开始向那一摞摞作业发起了总攻……

　　　　两周前，教室。"老师，咱们参加的那个节目没有什么变动吧？"晨曦在一堂语文课后主动询问我。我先是一怔，然后回应道："没变化，回家好好准备吧！"我很是欣慰地看着她，心想，我们班的孩子真让人省心啊，交代的事情都能当回事。

　　　　十天前，第一次排演现场。"伴奏，准备开始！"杨老师指挥自如，学生们也都打起精神练习合唱。晨曦沉默地蹭向钢琴，慢慢地坐下去，心不在焉，耷拉着脑袋纹丝不动。"快点，开始了！"酝酿了半天感情的杨老师有些不耐烦。晨曦嗫嚅了半天，终于用如蚊子哼哼似的声音应道："老师，我没带谱子，弹不下来。"杨老师无奈地挥了挥手："回去好好练去！"然后亲自走到钢琴边，婉转的琴音响起……排演后，我刚想去找晨曦，却又被"临时征调"了。一切结束后，中午发生的事又被抛到九霄云外了。

　　除了开始布置伴奏任务外，20多天的时间里，我是以一个"局外人"和"旁观者"的角色来对待晨曦的伴奏准备的……而仅有的那次主动谈话，中间又充斥了太多的"可能"和"暂定"。事后既没和她主动确认，也没有联系家长。在第一次排演暴露问题后，仍没能及时补救，这的确是我的疏忽。期末在即，我都没有重视的事情，交给了孩子，她又如何能当回事呢？

看着晨曦愧恨交加地站在那里，我的心也一下子揪了起来。在自己最自信的地方摔了大跟头，这对孩子的自信心会是怎样的打击？我不想再做"局外人"。"亡羊补牢，犹未晚也。"在理清头绪后，我怀着歉意给孩子的妈妈打了电话。

张妈妈是个大方健谈的知识分子，对学校的工作一向很支持。在我向她简单交代了事情的经过后，她也直言不讳地和我说："这孩子从小就是慢性子，总是拖拖拉拉的。"

我也说出了自己的想法："杨老师是对己对人要求都很严格的老师，他认为晨曦对待这次演出没有足够重视，也没有付出足够的责任心，批评也只是对事不对人。虽然如此，当众被老师批评对孩子是很大的打击，尤其问题出在她一直以来最引以为豪的钢琴上。如果这次事件处理不当，很可能会在孩子心中留下阴影。"孩子妈妈提出，安抚孩子的工作由她来做。对于孩子拖拉的习惯，我又多说了两句："临近期末，孩子学习压力大，晨曦把最擅长的事放到最后去准备，从孩子的角度我能理解，不能全怪晨曦。这次没有适时提醒孩子早作准备我也有责任。但无论怎样，还是要让孩子意识到拖拉是要不得的，如果什么事都要拖到最后一刻才准备，会错失很多机会。如果正式演出出问题，对她的自信和自尊会造成更大的影响。还有不到两天的时间，希望咱们全力支持孩子走过这一关……"

全班学生合唱的余音仍萦绕于我的脑海。怀着兴奋，我又拨通了晨曦妈妈的电话，向她报喜。她听后很为女儿自豪，并告诉我，在她的动员下，孩子在爸爸耐心的陪伴下练习曲子，从昨天放学后一直练到晚上 12 点……此刻，我真切体会到教师与家庭对晨曦共同的关怀所产生的重要影响。

父母是孩子的依靠，父母的臂腕是孩子舔舐伤口最安全的港湾。教师的角色是引路人和陪伴者。学生的健康成长，需要学校和家庭的共同努力。这就好像一台合唱，应和之间的配合、伴奏恰当与否，都是左右最终演出效果的重要因素，每一方都不可或缺。

一台合唱尚且如此，何况教育呢？

最后附上家长的回馈，让我们再次体会家校沟通合作的重要性。

六（5）班　李慕桐/绘

姜老师：

你好。我读了您写的文章，在此，想说说自己的感受。我认为沟通很重要。首先孩子从一年级开始就离开家人与老师、同学朝夕相处，学校是孩子人生中接触的第一个大社会。在这里，孩子要学习，进行体育锻炼，参加学校组织的有意义的集体活动。孩子们就在这个群体里相互接触，互通有无，教师从中起着管理与教学的作用，沟通是避免不了的。通过这样一个关系，孩子们在不断地成长。

说起沟通，每天放学回家后她总是绘声绘色地讲班里的故事，讲到有趣的地方，我也哈哈大笑起来。通过她的描述，我也喜欢上了你们班。她不高兴时，便会讲述自己的委屈。一旦她心里有负担了，我随时进行心理疏导，把她的心结解开，进行鼓励。有的时候我想，与孩子相处也是一门学问，遇到难解释的事情，真不知怎么说。也不能让她事事顺心，遇到问题时得让她自己解决。我还鼓励她有想法时多与老师沟通（这一点她就不如别的孩子），不会的题找老师问，甚至跟她说："老师一句话，你就能受用，经常沟通对你有好处。"（我小的时候就很害怕与老师沟通，可一旦沟通起来真的很受用。）

再说说我与老师的沟通。翻看孩子作业、考试卷时，发现错题很多，尤其是计算题，就是做不对。这说明她学习能力还是有所欠缺。我与郝老师进行了一番沟通，郝老师很耐心地进行了分析，并建议她多做一些练习，把错题重新做一遍。郝老师特意在课堂上多出了一些计算题的卷子，让她拿回家每天做五道题。这样真的管用，有效果了。孩子语文成绩不是很好，尤其是作文，姜老师也主动与我沟通了几次，提出了一些建议，如帮助孩子做好复习，阅读一些书籍等。我与姜老师沟通很多，在共同努力下，孩子的语文成绩在不断的提升。从孩子的话语里，我总能听到姜老师给她的鼓励与肯定，这样她的自信心就有了。

写到这儿，我有所感受：老师的一句话真的至关重要，鼓励的话语能推动她不断前进，能影响她的一生。老师不要吝惜自己的鼓励，如"你真棒"、"你真好"。好孩子是鼓励出来的，是夸出来的。是的，每个孩子都有闪光的一面，只要用心观察，用心读懂孩子，就能发现。

孩子在不断成长，心理活动非常活跃，学校要及时掌握学生的动向。家长也要了解孩子在学校的表现，及时沟通，帮助他们健康成长。同时我也建议家长做好自身的心理调整，如怎么面对孩子，怎么相处。

老师教书育人，培养人才，是辛勤的园丁。你们的付出远高于这个称谓了，你们付出的是心血，我想说："你们真棒!"

不翼而飞的小贴画

李秀玲

导读

当学生出现令人棘手的问题时，如何取得家长的支持与配合是一门艺术，尤其是面对不能正确看待孩子问题的家长。当我们用智慧、诚心与耐心赢得家长的支持之后，问题解决起来就好办多了。只要我们牵对了这"一发"，就能触动其"全身"，进而，领着孩子朝明亮的那一方前进。

伴随着一阵悦耳的放学铃声，我疾步走向教室。新接手的这个班不省心，我必须事事留心，时时跟进啊。然而，副班主任的一番话依然让我大吃一惊：班里肖肖同学的贴画在课间不翼而飞，后来被别人从小露的位子上找了出来，小露对此事供认不讳。副班主任希望我与家长沟通一下。唉！又是小露，这是个不折不扣的"师见师愁，生见生烦"的学生。细数一个小学生身上常见的毛病，几乎都可以在他身上找到：打人，说脏话，顶嘴，扰乱课堂，不写作业，厌学……没想到，"旧病"未除，"新病"又添！

学生身上有什么缺点都好办，但就怕贴上"偷"这个标签，最难处理，还是与家长联手吧，这样能把事情解决得彻底一些。可是，想起小露的家长，我心里就是一阵阵犯难：在他家长眼里，学校和老师是不折不扣的"毁人不倦"，小露发展到今天这个状况，就跟家长对学校的抵触情绪有很大的关系。趁着小露还没见到家长，我还是争取主动吧，于是拨通了小露妈妈的手机，语言极尽委婉，为小露找了很多借口——或许是一时喜欢、一时好奇，或者是想跟同学开个玩笑等。沟通中，我特别小心地避开了敏感的字眼——

"偷"，强调他是拿了别人的贴画。

五(5)班　李玥翎/绘

　　万万没想到的是，我还是捅了马蜂窝。十分钟后，小露家长风风火火地来了，她言辞激烈，情绪激动，说她问孩子了，孩子自己根本都不知道桌斗里有别人的小贴画；说孩子虽然身上毛病多，但从不说谎；说她想彻查此事——到底是谁从小露的桌斗里把小贴画找到的？他为什么能找到？是不是这个同学放进去的？他为什么要这么做？用意何在？家长一连串的分析不无道理，虽然大家都认定是小露干的，但万一真的有冤假错案呢？我心里暗暗懊悔，没有教育当事人就通知家长。这个孩子本来就难教育，要真如她所说，将来我的工作就更被动了。接下来，她打开了话匣，滔滔不绝地诉说着心中的怨气：过去，小露一旦跟别人发生矛盾，不管是否真错了，只要有人证明他错了，那就得写检查、赔礼道歉，家长还要跟着认错等，所以这一次，小露也要得到这样的"待遇"——找出诬陷小露的同学，连同其家长，当众向小露赔礼道歉，否则这件事不会就此罢休。听着她的诉说，我心里暗暗高兴，终于找到了小露教育问题的症结所在：家长与学校对立情绪严重，是因为她每次到学校来，从老师嘴里听到的都是孩子的毛病、问题、缺点，她每次所需要做的就是洗耳恭听、赔礼道歉等。试想，她也是个母亲啊，哪个妈妈希望自己的孩子从小就在否定中长大？在孩子的成长中，她可能因为自己的疏于管教导致了孩子的现状，我们做教师的，不正应该在此时多运用自己的教育智慧，把孩子拉回到正确的航道中来吗？于是，我以十二分的耐心安抚着家长的情绪，诚恳地告诉她自己一定会给她一个满意的答复。由于新接手这个班以来我对小露进行了诸多鼓励，家长表示，她信任我。

　　说到做到。第二天，我首先找小贴画的失主谈话，正是他在小露的位子上发现自己的小贴画的。我问他为什么要去小露的位子上找而不去别人的位子找。他说，课间的时候，小露看了自己的小贴画十分羡慕，几次想要，但他都没给，于是小露扬言要偷走。事情的结果已经显而易见了，这事是小露干的。但如果小露不承认的话，麻烦还很大。于是，我把小露叫到办公室，一开始并没有质问小贴画的事情，而是对他开学以来的表现进行了总结鼓励：作业大多时候能按时完成，真了不起（尽管字迹潦草）；上课积极举手发言，很上进（尽管扰乱课堂也是一流的）……我以一种轻松的方式跟他聊着。这样的鼓励赢得了他的信任，他的脸上浮现了不好意思的笑容，眼睛里也一改过去的桀骜不驯，闪烁着得到认同后的幸福光芒。"你真的长大了，理解了老师和家长在你身上付出的辛苦，所以才要求自己进步，对不对？"小露点了点头。"你知道吗，要想进步更快，还要勇于担当，特别是自己的错误，更要积极承担责任。你同意吗？"他又点点头。这时，我才切入主题："小露，昨天同学丢了小贴画，目前老师不确定是谁干的，不过无论是谁，只要敢于承认错误，就是个勇于担当的小小男子汉。哪个孩子在小的时候不犯点错误啊？这不算什么。只有那些懦夫才不敢承认自己的错误，导致在歧路上越走越远……"小露开始并不承认。唉，这么半天的功夫白下了，于是我继续启发诱导："如果你能勇于面对并承认自己的错误，我不仅会为你保密，让你在同学面前有尊严，而且还要表扬你勇气可嘉。相反，如果是同学举证，一旦查清是你，那我就必须当众严厉批评你了，绝不姑息。两种方式，你选择吧。"小露的眼神开始犹疑了，挠着头说想想。这时，我趁热打铁："机会就在你眼前，转瞬即逝，错过了可别后悔，我只给你两分钟时间选择。"眼看没有退路了，小露终于大声地说了出来："是我干的。"我松了一口气，孺子可教！于是，我马上表扬他："真了不起，是个敢做敢当的男子汉！"我告诉小露，我会兑现自己的承诺，替他保密，但希望他明白老师对他的爱，今后要听从老师的管教。他高兴地点点头。此刻，我想他的内心一定是轻松的。

事不宜迟，我马上把小露的家长又请了过来，让小露自己把事情的结果告诉家长。小露开始支支吾吾不说话，家长急于知道结果，反复问我，我只是微笑着看着小露，告诉家长：还是让孩子自己说比较好。小露酝酿了半天，突然间，大声地说："妈，昨天那件事是我干的！"只见小露妈妈的脸色突然变了，她很惊讶："真的是你？"我知道，这惊讶中还有很多复杂的想法：是不是老师逼迫了？威胁了？于是，我知趣地说："我先去趟洗手间，回来再聊。"我把空间留给了母子两人。等我回来后，家长脸上写满了歉意，话语也变得语无伦次，说回家要好好教育孩子，让他好好写检查。我告诉她，检查都是外在的形式上的东西，关键要让孩子从内心里认识到自己的错误。同时，我还请家长放心，我会在班级里淡化此事，替孩子保密。家长十分感谢，也很不好意思。

第二天，家长给我发来了短信："李老师，真的非常感谢您的宽容和爱心！我的孩子能遇到您这样的好老师，真是幸运！您放心，我今后一定会配合您的工作。"其实，对于小露这样的学生，对于这样的事情，作为教师，我别无选择，只有宽容。批评对小露来说已是家常便饭，多说十句二十句在他身上都很难产生作用，教育效果可以说是微乎其微。相反，宽容却能赢得他的信任，利于今后对他的管理。最为重要的是，宽容还能赢得家长的配合、协助，有了这有力的家庭教育后盾，学生的教育工作还会那样艰难吗？

正如我所预料，此后，每当小露再犯错误，我做教育工作时，他已经不那么抵触了。他对待错误的态度越来越好，渴望得到老师认可的愿望也越来越强烈。我知道，是那次的贴画事件深深触动了他，让他感受到了老师的爱和关心。最难能可贵的是，小露的家长对老师的工作也越来越配合，不仅如此，还感叹小学老师的工作太辛苦，时常提醒我要保重身体。虽然小露还是班里最费心的孩子，但是从他悄悄的转变中，我深深地感受到家校形成合力的重要性，感受到灵活运用教育智慧的作用。正如苏霍姆林斯基曾经所说的那样："没有家庭教育的学校教育和没有学校教育的家庭教育，都不可能完成培养人这样一个极其细微的任务。"

身体的距离就是心理的距离

苑 芳

导读

教育归根结底是爱的事业，你是否了解自己的学生希望你怎样爱他们？爱有五种语言，每个学生都用自己独特的爱的语言表达爱和接受爱。每位老师都需要了解学生的爱之语，这样师生之间的交流才会畅通无阻。文中小申的爱之语是"身体的接触"，当我用爱抚的语言走近他时，教育的奇迹就发生了……

"没有爱就没有教育。"这是我国著名教育家霍懋征从事教育教学工作60年的座右铭。一个老师只有热爱学生，才能教好他们。爱是教育好学生的前提。只有爱才能唤醒爱，只有爱才能孕育爱，只有在爱心浇铸的教育中，学生才会在一种健康、自由、愉快的环境中接受教育，从而成为一个有爱心、有善心、有良心，同时对社会有用的公民。亲身经历过一件小事之后，我对霍老师的这句名言有了更深刻的理解，是爱心让"丑小鸭"变成了"白天鹅"。

一年级刚开学不久，我们班转来了一位新同学——小申。令我始料不及的是，他居然是一个典型的"后进生"：桌面总是脏、乱、差；坐立时总爱歪着脖子；早读总爱迟到；一下课就跟几个淘气的男生在一起追跑打闹，用铅笔尖扎同桌同学的脸，还曾把女生堵在厕所不让出来；写的字歪歪扭扭，成绩总要从后数。只要任课教师到我的办公室反映学生的不良情况，十有八九就有他。只要一下课，总有同学到我跟前告他的状，不是小申追着打同学了，就是小申不让同学正常玩游戏了，要不就是小申又拽女生的辫子之类。天呐！我竟然遇到这样一个"丑小鸭"！我想就算不是老师，任何一个成人面对这样一个小学生，都会诧异怎么刚上学就会有这么多不良的行为习惯。是家长宠的，还是幼儿园老师放任的结果？要是不改变，大了成何体统？我下决心要彻底改变他。

家长的工作我得了解了情况后再来做，我这关可得先把严了，就不信管不好一个孩子！所以我将他列为重点改变对象，不但采访了他的家长，了解他在家的表现，而且还向以前教过他的老师了解情况。经过了解，我得知：原来他已经读过一次一年级了，因为行为习惯太差，上课不听讲，下课打同学，考试成绩总徘徊在 30 分上下，因此一年级只读了一学期，家长就让孩子退学了，想让孩子大一点再上学。针对他这种情况，想到家长满怀期待的眼神，我下定决心，一定要改变这个"后进生"。都 7 周岁的孩子了，说什么也不能再上一次一年级了。因此我对他格外关注，严格要求，每次看到他有什么不足，都会严厉地训斥和批评。虽然他一时改过来了，但是从他无所谓的眼神里，我看出他并没有从心里接受，只是屈服于老师表面的权威。这可怎么办才好呢？真让人头疼！

正当我苦于教育无策的时候，偶尔看到《教育文摘》中刊登的一件事，它给了我莫大的启示。大意是：一天，一个小学生回家后兴奋异常，家长十分诧异，便问道："你今天怎么了，这么兴奋？"孩子高兴地说："今天体育课上，体育老师摸我的头了。"

刹那间，我沉默良久。在孩子看来，体育老师摸他的头是看重他、喜欢他，令他有一种受宠若惊的被呵护感，让他体验到了老师发自内心的关爱，从而让他也发自内心地去接受老师、喜欢老师！这样他的转变才会根深蒂固！在那一刹那，我茅塞顿开，这是多么人性化而又有效的教育方式啊！我可以要借鉴他的做法，改变班里的这只"丑小鸭"！

于是我开始处处留心对他的教育，遇事更有耐心，争取在每一个细节问题上都给予他更多的关爱，更多的呵护，让他悉心感受，从而达到转变他、教育他的目的。

一个星期一的早晨，学校要举行升旗仪式了，孩子们一个个站得笔直，不过有几个同学的红领巾戴歪了，于是我走上前，整理了几位同学戴歪的红领巾，当然也包括小申。在我要给小申整理服装和红领巾时，突然发现他有意识地向后退了退。我不禁一怔，他以为我又要批评和训斥他吗？这时我才发现，原来自己与孩子的心理距离是那么遥远！这肯定与我平日里对他严厉训斥和批评有关，这距离是我拉开的，而不是孩子啊！这样怎么能教育好孩子、感化孩子呢？当他在心里已经给自己挂上一块"后进生"的牌子，知道老师、同学没人喜欢他时，又怎么会与老师和同学拉近距离呢？又何谈改变呢？懊悔与自责顿时涌上心头！师生之间要彼此信任，小申刚才的表现不就是对我的不信任吗？原来是自己教育学生的态度出了问题！试想，一个经常对自己横眉冷对的人说的话你愿意听吗？即使不得不听，你又愿意靠近他，发自内心地尊重他、爱他吗？答案不言而喻。看来这第一步，先要让心靠近才是。我帮他整理好红领巾，满意地冲他笑了笑。我意外地发现，一贯傲慢的他，脸上竟然泛起了红晕，不好意思地低下了头。我拍了拍他的肩膀便离开了。后来在整个升旗仪式中，他站得比以往都直，没有一个小动作，没说一句话！我看在眼里，喜在心头，可让我找对方法了！

二(2)班　苏爱思/绘

就在当晚，我意外地接到了小申妈妈的电话。电话那头，孩子的妈妈激动地对我说："苑老师，今天孩子回家以后特别高兴，他说您喜欢他、表扬他了！一回家就写作业，说不再惹您生气了！"语音未了，我已心花怒放，他改变了！他不再是"后进生"了！我由衷地为孩子的转变而欣慰，也为自己找对了方法而高兴。回想从前对孩子的态度，真是羞愧难当啊！看来，我以后得先在自己身上找问题，用心去做每一个同学和家长都喜欢的好老师！

原来这世上没有改不了毛病的孩子，只有没用对方法的老师！只要我们用心去呵护每一颗心灵，他们会比我们想象中还要光芒四射！我相信在我不断的努力下，会用爱心让更多的"丑小鸭"变成"白天鹅"，让每一个孩子都真正成为健康、阳光、乐学的清华少年！

家访是心的联结

祝 军

导读

家访这种传统的教育方式离我们好像越来越远了，家校关系被表面的清高隔离。其实，任何关系都应以情感为基础，家校关系也不例外。当我们一起把目光投向学生，用家访走进学生一家人的生活时，就可能走进了一个家庭的心灵。有了心的交往、连法，真正的教育才会发生。我们会在彼此的抵达中发现共同的情感呼唤。美好的教育，有你，有我。

开学不久的一个课间，我在教室里一边判作业，一边有一搭无一搭地和围在身边的学生闲聊，小亮突然冒出一句："老师，你去我们家吧。"

小亮是个特殊的孩子，刚上学班主任张老师就发现他与众不同。整个上半学期，张老师为这个孩子倾注了许多心血，孩子从不和人交流到能与同学玩到一起，从生硬地蹦出只言片语到上课敢于发言，从说话不看人到主动地和人交谈，他的变化令人吃惊。面对这样的一个孩子，我和苏老师总是用"心"在意着他。

从他嘴里说出这样的话，我很兴奋，这明明是孩子在主动和老师交流呀。我不露声色地问："我真要去你们家，你欢迎吗？"他重重地点了点头。

我马上和张老师沟通了一下。但随后的一段时间里，我整天忙得焦头烂额，竟把这件事给忘了。可孩子当了真，隔三差五地追着我问："你什么时候到我家？"一天，他干脆说："你这周六到我家，好吗？"我赶紧和孩子约定这周五放学后就去。不巧的是，张老师因咽喉炎嗓子哑了，但她还是准备了给孩子的礼物——几本书，作好了家访的准备。

　　周五那天，终于下班了，我和张老师并肩走出安静的校园。小亮的家在清华大学西区，不远，我们步行即可。和风扑面，杨树花正从树枝中探出毛茸茸的脑袋，空气中飘散着饭菜的香味。劳累了一天的我们竟有了一种回家的温馨。

　　楼道里很黑，七拐八拐到了门口，开门的是小亮的爸爸，却不见小亮的身影。我们一起喊小亮，他久久不出来。没想到他竟藏到了床底下，他爸爸把他拉出来，他满脸通红地在狭窄的屋里跑来跑去。小亮的爸爸看着孩子，也是一脸兴奋，却不知说什么好。一时，我和张老师也是静静地笑着。

　　终于，大家坐了下来。此时的小亮手舞足蹈地说个不停，动作夸张而生硬，我们都知道他这是高兴，谁也不去打断他。对于我们提的每个问题，他都认真说清楚，还总是拉起我们的手到各个屋子里，给我们看他的课外书，他画的画，以及他的玩具。

　　小亮的妈妈回来了，是个年轻漂亮的大学教师。她买回了做晚饭的菜，还特意买了一个圆圆的大西瓜。我们坐在一起，边吃西瓜边聊天。孩子不停地把西瓜往我们手里塞，还一个劲儿地冲张老师摆手，意思是让她别说话。张老师嗓子哑了一周了，看到孩子这样懂事，很是激动。我们就这样随意地聊着。在聊天中，我们知道了孩子小时候与众不同，父母经受了很大的精神压力。因为孩子在场，我们有时交谈近似哑语，但却彼此心领神会。孩子上学后的进步和改变，出乎家长的意外——真是"涅槃"。

三(2)班　张旭洋/绘

在一再的挽留中，我们起身告辞。孩子急着要送我们，我们等他穿好外套才走出去。天已黑，凉风阵阵，我们这才发现孩子的爸爸因给孩子找衣服，自己没有穿外套。我们请他们留步，但一家三口执意不肯。

告别了这一家人，我和张老师走在初春的夜色中，忘了时间，忘了疲劳，心里有一种说不出的感受。一次家访，走进的不仅仅是一个家，而是孩子的心里，家长的心里，同时，家长和孩子也走进了我们的心里。

有了心的交往，真正的教育才会发生。

家访的价值就在这里。

这样的家访还会继续，因为又有许多孩子在问："老师，什么时候到我家呀？"

为教育保持微笑

杨新颖

导读

　　饱含爱的教育其实有着共通的表现，而这些表现又有着细微的差别。顺应每个孩子的特点，微笑着期待每个孩子的进步、成长，对他们多一点宽容，多一点等待，多留给他们一点"自己爬行"的时间和空间，就会多一分和谐与美好。微笑着期待我们的孩子长大吧！

　　夏末秋初，随着温柔的 9 月的到来，我来到了清华附小 CBD 分校，翻开了教育生涯的新篇章。因为多年不教一年级了，刚接任一年级之初，心里竟有种莫名的不安。但随着对这群小可爱们的了解和亲近，我的心又逐渐踏实了，同时还多了一份淡定的坚守。

　　小轩是个有个性而又很可爱的孩子，3 岁之前一直生活在美国，回国后接受的教育方式又与传统教育迥然不同，所以开学之初他表现出种种不适应。每逢第四节语文课，他总是会举手问这样一些问题：什么时候吃饭？什么时候放学？或者干脆喊："我好困呀！我好累呀！"有时候上着课，他趴在桌上就睡着了，叫都叫不醒。后来我索性也不叫他了，但是等他醒来后，我会微笑着跟他说说上课睡觉的事儿。

　　他有一个特点，喜欢在书上和作业本上随写随画。语文书和课堂练习册自然也不会"逃此厄运"，上面黑漆漆一片，而该写的拼音和生字他却一个也没有写。起初我边教育边帮他擦掉涂鸦的线条，后来我发现他画得比我擦得快多了，我就放弃了。通过与他聊天，我知道他不是故意的。我想这只是一种不良的学习习惯。

小轩还喜欢"超前阅读"。每次上课，我要求孩子们打开书读读本课所学的拼音或者小诗时，小轩喜欢把书放在腿上或者桌斗里，头低低地趴在桌子上，悄悄地翻看后面的内容，或者干脆看其他的童话书——他对精美的图片格外感兴趣。每逢这时，我总是微笑着提醒他一下。

我联系了他的妈妈，想通过沟通寻找一些切实可行的解决方法。小轩的妈妈兴冲冲来到学校，不等我开口，就先向我介绍了小轩入学这段时间的心情以及最喜爱的老师，还绘声绘色地向我展示了他们母子之间的对话。

> 妈妈："开学这么长时间了，很多老师你都见过了，你最喜欢哪个老师呀？"
> 小轩："就是那个瘦瘦的高高的，很漂亮的那个呀！"
> 妈妈："那是谁呢？"
> 小轩："你见过的呀！"
> 妈妈："是杨老师吗？"
> 小轩："反正是你见过的呀！"

后来，他的妈妈向我核实，到底是不是我。她说："小轩对老师姓什么可能没什么概念。你们还有哪个老师是瘦瘦的高高的，很漂亮的？"我如实向他介绍了数学老师、形体老师、英语老师和美术老师。她说："这些老师我都没有见过。那估计他最喜欢的那位老师就是你了。"

听到这里我一阵感动。后来小轩妈妈又主动介绍了他入学前的一些情况。他妈妈对孩子的关注集中在孩子的情绪、心情上，比如孩子每天高不高兴、最喜欢哪个老师等问题，当然也希望他在快乐的同时收获知识，增长本领。可是想到小轩的那些有个性的表现，可能会对他今后的发展起到负面作用，我还是微笑着顺势介绍了孩子开学后的种种表现。小轩的妈妈听后说："老师，小轩可能要让你操更多的心，你可能要在他身上下更多的功夫了。我的父母也是老师，我很理解你的辛苦。小轩要让你多费心了！"

我微笑着说："没关系，我相信小轩是个很出色的孩子。我愿意和您一起采取些积极的、正向的方法帮助他，让我们共同期待他的成长！不是都说教育是慢的艺术嘛，每个孩子的成长期限是不一样的，有的孩子可能就需要我们有更多的耐心去充满期待地帮助他成长、等着他成长……"听到这些，小轩的妈妈竟一下子怔住了，也许是她没有想到我对小轩的问题采取如此包容的态度和做法。半晌，她回过神来，真诚地说："老师，你放心，我回家后一定和小轩谈一谈。"

我想，很多时候教育就是顺应和期待，应该用无限包容的微笑和美好的期待来面对每一个渴望成长的孩子。当然，微笑着期待并不是一种无所作为。你看，小轩的妈妈对孩子的关注点和态度不是在悄悄地发生着改变吗？其实小轩在后来的学习中也慢慢地发生了很多转变，比如，他可以和同桌一样端坐着听一段时间的课了。还有更令人感动的：一个周五的下午，我发现小轩满怀喜悦地换完每周一次的小喜报后，居然，自己静静地走到座位旁，手里拿着一块橡皮用力地来回在自己的桌子上擦来擦去。我轻轻地走过去，惊奇地发现小轩开始主动地用橡皮擦掉桌面上的涂鸦了。我一边摸着他的头一边微笑着示意他做得好。

一（4）班　韩佩杰/绘

此刻心中不禁感叹：微笑着期待我们的孩子长大吧！努力让自己变得更平和，让我们的教育充满更多的耐心和爱。

最后，附上家长的回馈和小轩作为升旗手时的发言稿，让我们共同见证小轩的成长。

和孩子一起成长的喜悦

直到两三年前，儿子一直随我们在国外生活、上幼儿园。他爸爸从小在国外成长，中文不流利，我们又在国外工作十来年，且两边老人没在身边一起生活，因此家庭语言亦非中文。回国后，他爸爸长年在外工作，聚少离多，我则工作重、上班时间长。上学前班时，考虑到儿子性格好动、语言限制、接送方便及两边老人不在身边等因素，选了小区里一所非传统、外籍孩子居多的双语幼儿园，以作适应调整。上小学，并没想让儿子上国际学校或本地小学的国际班，主要是考虑到一个全中文的教学环境对锻炼他母语能力的重要性。

可想而知，刚开学时，儿子的中文基础、学习及行为习惯等，和其他孩子有一定的差距。可幸运的是，替儿子选的小学，在传统里带着许多的不传统。回想起来，在各个方面，从上学期到下学期，儿子的变化真大。

首先，儿子对学校群体的兴趣，明显提高了。新学校耳目一新，但开始时，儿子很不习惯，谈'操'色变、闻'课'声变。把他送到校门口，他拒绝下车，不肯走进教室。校长每天风雨无阻地站在校门口，迎接孩子们，也因此很快成了儿子的"大护法"，经常走过来帮忙鼓励他下车，然后哄哄笑笑地亲自"护送"他走进教室。现在，下学期上了两个月的课，这种情况再也没有出现过。

此外，语文是儿子的弱项，他特爱唱歌，可嗓子略带沙哑，音乐才能尚待开拓。可没多久，儿子常挂嘴边、最喜爱的，恰是这两课的老师，而这种现象坚持到下学期，也没变。只是，儿子上学期不愿上课时提笔写，语数作业本、学校生字本上一片空白。和老师沟通后，考虑到下班后时间有限，我要求让儿子每周末把作业本带回家。这学期，带回家没做的只有零星几题，不再是一页页的空白！另外，这学期开始要在家写短句日记，儿子最近刚学会如何查字典。想用但不会写的字，他愿意自己用拼音先找出字来让我确认，然后再写进日记里；遇到不会念的字，除个别需要提醒一下以外，也都能自己用偏旁部首及笔画查出正确的读音。现在，睡前要念的故事中，开始出现了自选中文读物的影子，他还请缨为我朗读篇章，欣赏着除英语以外的文字所带来的崭新天地。

从儿子日记的字里行间、嘴里描述的一点一滴中，能感受到他现在上学的乐趣——从抗拒、接受到愿意、期待。更不能忽视的是学校和老师对孩子的不断的关爱与鼓励：除了用各种方法去鼓励他尝试、表扬他进步，还在交流中提醒我如何运用儿子的各样优点、进步，怎样应对儿子情绪的表现、对某科目或活动的没兴趣等。清明前，儿子成为升旗手向全校师生发言，在锻炼了抗压能力的同时，也感受到了光荣带来的喜悦；清明后不久，儿子被评为"进步之星",增强了信心;在刚结束的春季校运会上,儿子从一位刚认识的老师口里得知老师们对他的昵称。

这一切的一切,都包含着学校的老师们对他的包容和鼓励,可谓用心良苦。虽然儿子仍处在懵懂中,未必能真正领悟其中的意义,但他肯定感受到校长、老师们给他的爱护和关怀。我为儿子能在这样一所学校里学习高兴,为儿子有这样的老师们陪伴庆幸。我期待着儿子在各方面——做人、做事、学知识——有更多的成长,健康快乐学习,继续努力向前!

王轩昉家长　张慧晞

小轩作为升旗手时的发言稿

我是一年级一班的王轩昉,是个快乐、坚强、有诚心、有想法的小学生。学习以外,我对汽车和恐龙十分着迷,爱看书、听音乐,爱和好朋友一起玩,也喜欢周末时往外跑。我很好动,除了经常骑单车、踢足球,还定期结伴去登高、露营、旅行,冬天时就去湖上滑冰、山上滑雪。

开学以来,我最大的收获是交了很多新朋友,见了不少趣事儿,也逐渐养成了一些好习惯。

校园的生活丰富多彩。在课间,操场上和图书馆里常有我的影子;武术、二胡、民乐团、合唱团等都是那么新鲜,那么有意思的新挑战。班级老师们更是提供各种各样的机会,让我在一次次活动的参与和锻炼中,快快乐乐地成长起来。我能在班级和学校社团组织的活动中表演节目,代表学校参加艺术节民乐团的演奏比赛。这一学期我还成为升旗手并在全校师生面前发言,这都是非常宝贵的经历,带给我美好的记忆。

老师和家人还夸我长大了,有进步了。我喜欢上学了,书包整齐了,坐姿端正了,纪律改善了,在做操、上课和考试时也认真了。在家里还能帮妈妈收拾饭桌、洗碗、叠衣服、打扫卫生,自己也能洗澡了。我真喜欢这样的感觉。

在清华附小,我期待着自己在各方面有更多的进步,继续努力向前!

改变"三部曲"

申 玲

导读

　　教育是一门"动心"的艺术，在教育孩子的过程中，我们应务力探索一些心理教育方法，把工作做到孩子的心坎上。如果说好习惯是一点点养成的，那么坏习惯需要我们一步步去改变。我们尝试着用科学的心理方法，持续地、不间断地改变孩子，在孩子的成长过程中谱写一首动心的歌曲。

　　9月的校园格外美丽，被冲洗过的地面润泽光洁，淡雅的丁香树静静地舒展着枝条，做出欢迎新生的姿势。四十多个穿着新校服的学生端坐在的教室里，用专注的眼神注视着我。作为班主任，我用期待的目光与每一个孩子的目光相对，希望在第一天就与孩子建立起信任关系。这时，小洋出现在我的视线里，我心里咯噔了一下，这个体型微胖、眼睛大大的男孩，不是面试的时候满地爬，谁说都不听的孩子吗？看来我要有一场硬仗要打了。

　　不出所料，这是一个极其特殊的孩子。课上，他坐不正，不读书，不写字，玩学具，而且打扰同桌学习，用铅笔扎人，对着同桌耳朵喊，以致同桌回家做噩梦要去看心理医生。课间，他侵犯同学，把邻班的同学推入学校水池中。做操和上体育课时，他不排队，落在最后面，有时甚至到处乱跑。入学两周，他还不能像正常儿童一样自己整理东西，而且成绩落后，没有朋友，同学关系紧张。在家里，他与母亲对抗，写一会儿作业就起身吃东西，上厕所，有时拗着不做作业，而被母亲逼急了，就大喊大叫。

　　怎么办？

我想，我应该像一名医生一样，去找到他所有表现背后的原因。只有找到病因才能对症下药。我请来家长，走访幼儿园，汇总小洋的资料，并进行分析：小洋先天性白内障，有效视力范围只有 10 厘米。学前由奶奶带，奶奶因自己家族有先天性白内障遗传基因而对小洋充满愧疚，溺爱养育，致使小洋形成依赖、敏感、内向、要强，但又不自信的人格。5 岁到日本进行医治，手术顺利，戴上眼镜，矫正视力达到 0.6。上学后改为妈妈带，小洋不但要面对新见光明的适应，入学的适应，还要面对养育者变更的适应。他明显有"适应不良"的问题。我决定采用家校合作的方法对其进行治疗，主要是"三部曲"：第一步，帮助孩子纠正错误认知；第二步，采用阳性强化法建立良好行为；第三步，教孩子学会表达。

帮助孩子纠正错误认知

小洋没有朋友，又爱打人，主要是因为他有一个错误的认知：人若犯我，我必犯人。他先前眼睛看不见，觉得谁碰他就是欺负他。面对这么小的孩子，讲道理肯定是收效甚微的，我尝试用讲故事的办法来帮助他。我第一次把他妈妈请到学校，跟她讲我对孩子的分析和诊断，希望取得她的支持。妈妈听了我的分析，觉得很有道理，十分激动地拉着我的手表示一定好好配合。于是，我给妈妈留了一个作业：母子共读《我有友情要出租》绘本。我第二次把妈妈请来，跟妈妈一同和孩子读绘本，引导他认识到：他的同桌都是像咪咪一样的小女生，她碰他绝对不是要欺负他，假如她碰了他，他不去打她，在她写作业的时候不打扰，他一定会像大猩猩一样，有咪咪一样的好朋友。并且引导他注意图画角落里陆续出现的狮子、豹、斑马、长颈鹿、鸵鸟等动物，这些小动物表明森林里并非没有伙伴，它们也渴望交朋友，却羞怯地躲在一旁，不敢主动交朋友。我们鼓励小洋细心找找图画里的动物，以让他明白：朋友是要去找寻的，而且，他们都在附近，就等自己去发现。

讲完故事后我给小洋留了一个作业：在学校努力做到不打人，主动认识同学，至少交一个朋友。做到一天不打人，奖励一面小红旗，而打一次人，取消一面小红旗；交一个好朋友，奖一面小红旗。周末总结，达到三面小红旗，让妈妈奖励外出游玩一次。给他妈妈也留了一个作业：亲子共读《我的兔子朋友》《学做好朋友》等关于友谊的绘本。经过这次谈话，小洋的打人行为减少了，并主动交了好几个朋友。看着他的改变我打心底里感到高兴。

采用阳性强化法建立良好行为

虽然小洋打人的行为少了，但是还没有养成良好的学习习惯。于是，我开始了第二步，采用阳性强化法建立良好行为。首先，我逐一找科任教师，取得任课老师们的配合，运用阳性强化法，对小洋的不良行为不予注意，不予强化，使之渐趋削弱直到消失。一旦发现他有良好的行为，立即予以口头表扬。

我第三次把小洋妈妈请来。和她站在一起，我问小洋："老师和妈妈一起帮助你养成好习惯，你觉得好吗？"小洋点点头。于是，我们商量用签订行为契约的方法帮助他养成适当的行为和学习习惯。行为契约如下。

_____的行为契约

今天，我同意遵守下述规则：

1. 上室内课时，要保持端正的坐姿，按时完成各项作业。

2. 上体育课和做操时能快速地排好队，跟着队伍走路。

3. 课下，与同学友好交往，不打人，争取多交朋友。

4. 一周之内最少为班级做一件好事。

5. 放学后，每天按时完成家庭作业。

6. 一周之内最少帮妈妈做一次家务。

7. 每天，老师和妈妈会在评价表上对我的表现进行打分，如果我做到了上述行为，我可以获得相应的奖励，具体如下：

要　　求	奖　　励
保持端正的坐姿。	一枚小贴画
按时完成各项作业。	一枚小贴画
快速地排好队，跟队走路。	一枚小贴画
与同学友好交往，不打人。	一枚小贴画
交一个好朋友。	一枚小贴画
为班级做一件好事。	一枚小贴画
按时完成家庭作业。	一枚小贴画
帮妈妈做一次家务。	一枚小贴画

8. 每天任务结束时，我可以根据契约的贴画盖章：
   - 如果得到 6 枚或 6 枚以上，我可以获得"顶呱呱"章一枚。
   - 如果得到 3~5 枚，我可以得到"真棒"章一枚。
   - 如果得到 1~2 枚，我要继续努力。
   - 如果一枚都没有，我会得到一个"哭脸"。

9. 每周五下午，老师会进行一次总评，看我得到多少枚"顶呱呱"和"真棒"，如果"顶呱呱"不少于 2 枚，或总枚数不低于 4 枚，就可以获得老师的小礼品一件，妈妈奖励玩 iPad 半小时或玩具一件或外出游玩一次。

签约人：_____

日　期：_____

接下来的一个多月，我和他妈妈都对照行为契约记录表，对良好行为实施强化，并时常与小洋讨论这一段时间发生的变化：与老师同学的关系有哪些改善？学习上有哪些进步？自己心理上有哪些感受？小洋的习惯越来越好，成绩也不断进步。

教孩子学会表达

一天，一位数学老师借我们班讲公开课。课堂上，小洋忽然哭起来。组长大声地告状："老师，小洋总捣乱。"小洋委屈地哭着说："他们都不让我摆。"原来，老师让小组合作用各种形状摆成一个美观的图形。小洋想摆，但他不知道怎样跟大家交流，直接伸手就拿，大家以为他捣乱，于是产生了矛盾。我对小洋说："你下次想跟大家合作的时要表达出来。像这次，你要对组长说：'小元，我想跟大家一起摆，我们摆个什么呢？你给我分配一项任务吧。'"我对组长说："你作为组长应该给每个同学分任务，不能觉得他不参加就算了。你要主动请他参与。"两个孩子点点头，一场风波过去了。通过这件事，我教小洋学习与同学沟通，互相信任和理解。

在接下来的日子里，我随时提醒小洋："有什么想法，要说出来。"一次，我布置每个小组在后黑板上写一句读书名言。吃完午饭，孩子们热火朝天地干起来。我走出教室，看到小洋在屋外发呆。我本来感到有些无奈，没想到，一会儿小洋来到我身边，轻轻地说："老师，我也想写。"我先是一愣，接着明白了他的心思，我心头一热，赶紧招呼组长："小元，给小洋分些任务。"小元不太情愿地招呼小洋过去。我静观其变，事情进行得很顺利。组长让小洋画了些花边，小洋心满意足地回到座位上坐好。看来，他已经学会了表达。

二(1)班　林亭谕/绘

两个多月过去了，小洋发生了天翻地覆的变化，不但能友善同学，尊重老师，还能较好地完成作业等基本的学习活动。他妈妈也说，现在孩子懂事多了，放学回家主动做作业，有时还帮做家务。

一天，我拉着小洋的手，问："你喜欢上学吗？"小洋高兴地回答："我很喜欢上学，我要为班级多做事情，我很热爱集体。"我又问："你觉得自己哪方面好？"小洋自信地说："我学习有进步，不打人了。我有好多好朋友。"我又问："你还有哪方面需要提高呢？"小洋不好意思地说："应该是纪律吧。"

我长长地松了一口气，不禁感叹：用心才能改变孩子。

经常以真诚的心与学生、家长沟通。尤其要视家长为教育的同行人，与家长做定期与不定期艺术性的交流，并达成共识。激发家长潜在的教育力量，让家长的力量成为班级建设的"千军万马"。

——摘自《清华附小办学行动纲领》

让教育活起来

让教育活起来

张华毓

导读

如何让教育活起来？也许回归生活是可以尝试的办法。我们是否给予孩子太多的束缚，而唯独少了自由？我们要给孩子们飞翔的翅膀，还是在孩子飞翔的翅膀上拴上沉重的石头？雏鹰要翱翔天空，必定要经过磨砺。但负责任的老鹰，绝不会让雏鹰在狂风暴雨和飞沙走石中学习飞翔。

今天，清华附小多功能厅人头攒动、气氛热烈，五、六年级的全体家长、学生正在开展以"红领巾是党旗一角"为主题的家校活动。活动结束之后我收到了这样一条短信："感谢学校，能举办如此感人的活动，自始至终我们看到的是孩子们灿烂的笑脸和发自内心的对红领巾的崇敬。我不禁回忆起了自己第一次戴红领巾时的情景。这种开放的、自由表达的形式，对学生的一生将产生潜移默化的影响。"

作为刚刚走上工作岗位才一年的教育主任，组织这样一次教育活动对我来说无疑是一大挑战。

"把嘴巴张大！""你怎么不笑啊！""把声音放出来！""手臂抬得不够高！""后一排别溜号，别以为我看不到，瞧瞧你们无精打采的样子，一点不像朝气蓬勃的小学生！"我大声训斥着面前这些孩子们，可是我越说，他们越打不起精神。我站在舞台中央，孩子们一脸茫然、委屈地看着我，我也一脸焦虑、无计可施。下课铃响了，还没等我说解散，他们就像一群小麻雀，叽叽喳喳、一路欢歌地离开了排练厅。强烈的反差，让我陷入了深思。问题出在哪儿？朗诵词是我亲自写的，队形、动作也应该没问题，都是我和音乐老师设计出来的。问题到底出在哪？我努力寻找着训练过程中的蛛丝马迹。

突然，我脑海里闪现出檀传宝博士书中的一个概念——"无视受教育者的心理需求的德育"。今天的场面，不就是活生生的写照吗？台上的孩子们正演绎着老师事先排练的一切：为了让动作整齐划一，高个儿的同学故意把手臂放低，矮个儿的同学踮起脚尖；为了表达强烈的感情，孩子们声嘶力竭地张大嘴巴，身体不自然地跟着律动；为了声音洪亮，他们个个提高嗓门，满脸通红。写好的台词，却不是孩子们内心的真实想法；规定的动作，也不是孩子们真情实感的流露。我无视孩子们内心的真正需求，把孩子们的个性、兴趣、情感抛之脑后，这样排练，必定排出一台糟糕的演出。

第二天，我一改从前的练习方式，尝试与学生沟通。"同学们，你们还能回忆起第一次戴红领巾的情景吗？""用你们自己的话说说红领巾代表什么？""天天戴红领巾，你们愿意吗？""对一些同学不爱戴红领巾的现象，你们怎么看？"我和孩子们就这样聊着，讨论着，真实的情感也在不知不觉中流露出来。灵感一下子闪现：明天如何演出就让孩子和他们的同学、爸爸、妈妈讨论吧。当我把这个想法告诉大家时，孩子们却沉默了。"你们不喜欢吗？"我再次问道。

"老师，我们不背词了？"

"不背了。"

"老师，我们还用变队形吗？您说不变队形舞台没有效果。"

"不变了，你们就这样，自然、放松，畅所欲言就行。"

"啊！老师太好了！我们喜欢这样，我们可以走到台下吗？"

"可以。"我坚定地说。

"太好了，张老师万岁！"

下课铃声又响了，但，这一次我不再茫然、颓丧。听着孩子们从来没有过的发自内心的欢呼，我已经对今后的教育有了新的思考。

这就有了开篇的那一幕。

这次演出活动，引发了我对教育目的的深层思考。我们的教育活动到底是在鼓励儿童、促进儿童人格成长，还是限制儿童、阻碍他们的精神生命力？教育活动到底是提升儿童当下和未来的生活品质，还是相反？这是我们教育工作者首先要追问的。不回答这个问题，具体的教育改革、教育工作目标和任务的确定就无从谈起。"人是目的"是康德伦理学的核心命题。从这个意义上说，教育的终极目的是提升受教育者个体的生活质量和幸福生活的能力。但是，许多学校教育的症结都集中表现为强制灌输的成分过多，形式主义严重，学生成了教育活动的手段。就像这场精心排练的演出，我们一厢情愿地为儿童提供成人社会认为的"好吃"的"营养品"，而不是努力创设情境，帮助青少年自己去发现从核心价值到实践智慧的幸福生活的秘诀。这些索然无味、了无生趣、浪费青春的道德与政治说教，充斥着我们的教育。

如何让教育活起来？也许回归生活是可以尝试的办法。我们应该摒弃工作中的浮夸、应付，切实了解当下孩子们的需要，在促进孩子们的人格成长的道路上有所作为。

四（3）班　白小舟/绘

直抵生命的教育

梁营章　赵　静　张华毓

导读

老师与学生相处的日子是琐碎和漫长的，而时间恰恰是最宝贵的教育资源。要让与学生相处的时间变成发现学生不同之处，鼓励学生个性发展的契机。教育应该是润泽的，教育方式也应该是活泼泼的。只有将有意义变成有意思，教育与学生的生活才能相链接，并自然成为其中的一部分。

德育的实效归根结底在于儿童通过自己的观察和实践，建构其内在的价值取向和目标。我们应该告诉儿童道理，更应该让儿童产生体验。一些看似微不足道的细节中蕴含着丰富的教育资源。

"不要碰它！"

一次放学后，我巡查经过知行楼，发现三四个学生围在一起，其中还有在全校都有些"名气"的小彭同学。我赶紧走上前去一探究竟，只见孩子们中间有一个纸盒，中间卧着一只小喜鹊，不时拍打一下瘦弱的翅膀。据孩子们讲，因为昨天下午的大雨和大风，这只小喜鹊掉下来了。在纸盒旁边，有一些散落的食物。这时，一个低年级的小同学，想触摸一下这只可爱的喜鹊。"不要碰它！"这是小彭同学的声音。看到这一幕，我的内心感到无比的温暖和高兴，为这只小喜鹊高兴，更为学校生命教育的成效高兴。

大家都知道清华附小有一位"喜鹊妈妈"——王老师，她经常为喜鹊们准备食物，和很多喜鹊是"朋友"。有这样一位爱喜鹊的老师，孩子们不去伤害喜鹊是一件多么自然的事情啊！

教育的"有效课堂"就在教师身上，老师的行为就是一堂堂生动的德育课。

夸夸我妈妈

"妈妈，你真能干！把我接到家后，你要做饭，然后还要辅导我写作业。"

"妈妈，你真了不起，工作一天之后，回到家里要拖地打扫卫生，还做饭，还加班工作。"

"妈妈，我爱你，你帮我洗袜子和衣服，还辛苦地工作。"

这是一年级的小朋友在用稚嫩的声音，开展"夸夸我妈妈"的主题班会。坐在教室后面的妈妈们，有的已经眼圈红了，有的禁不住冲到了前面，与自己的孩子相拥而泣。这幸福的场面印在我脑海里，久久不能忘。这种真实、深刻的情感交流和体验，将让学生受用一生。

这些赞美的话语，都来自学生们一周的辛苦观察。针对一至六年级不同学生的年龄特点，清华附小在三八节时分别开展了"夸夸我妈妈"、"爸爸、妈妈谢谢您"、"猜猜妈妈的心"、"我们应该为父母做些什么"、"我为妈妈送礼物"、"给妈妈的一封信"等一系列主题班会活动。三八节之前的3月1日至7日，学校给每个学生发了一张记录卡片，让学生观察自己的妈妈或者身边的女性。同时，还让学生们的家长记录学生感恩身边女性的实际行动，既要让学生对母亲的赞美落在实处，更要让家长看到学生真实的成长。

一位一年级家长在反馈单上写道：

当孩子在一周前就神神秘秘地计划着要给我准备礼物时，最终的礼物是什么对我来说已经不重要了，最宝贵的就是孩子那颗热情、积极向上、懂得感恩的心。

一位六年级家长写道：

孩子最大的收获是真正体会到母亲多年来如一日的付出不容易。虽然是几天的体验，但作为母亲的我也欣慰地感到孩子知道付出了，也愿意分担家务了。

家长以孩子的实际行动为依据进行评价，是对学生具体行为的认可、欣赏以及鼓励。这样的教育既简单，又有效。

三(4)班　顾宸菲/绘

老爷爷戴上了鲜艳的红领巾

清华附小的校园里有很多花草植物，负责养护这些绿色生命的是清华大学选派来的一位老爷爷，他衣着朴素，甚至有些破旧，发黄的运动鞋也没有了鞋带。由于常年劳动，他的手粗大、干裂。老爷爷言语不多，偶尔见到老师，就两眼眯成一条线，憨憨一笑。

为了不打扰同学们的学习，他总是在学生到校之前到，在学生放学后开始浇水和打理。春夏秋冬，循环往复，学生多看到茂密的树枝，绿茵的草地，却很少注意到这位沉默的老爷爷。

"老爷爷，谢谢您！"在一次国旗下讲话后，我们把老爷爷请上了学校的主席台。窦校长亲自向各位同学讲述了老爷爷的故事。少先队员们隆重地向他敬队礼，把鲜艳的红领巾系在他的胸前，并赠送了学生自己制作的感恩卡。

看着台下那一双双睁得大大的眼睛，我知道，感恩正在萌芽。

听见水声的孩子

有一个刚刚入学的学生，上课很难集中注意力，特别容易被他人的一点点动静吸引，而且好动、易怒，经常影响其他同学。班主任何老师用了很多办法，不管是与他谈心还是严厉批评教育，都无济于事，老师很为这事苦恼。

有一天，其他孩子都去上音乐课了，这个学生因为身体不舒服在教室里休息，何老师静静地陪着他。孩子趴在桌子上，好像在仔细地听什么。何老师轻声问："你听到了什么？"

"窗外的风，树叶的响声，还有水滴声……"

"水滴声？"班里没有水呀？猛然间，何老师想起了走廊里的水房。这是多么敏感的一个孩子啊！在这样的环境里，他竟能听到这么多的声音，如果是上课、课间，他该生活在一个怎样嘈杂的世界里啊！从此，何老师心里多了一个听见水声的孩子。上课的时候，老师尽量创造安静的课堂环境，让他尽量地感觉舒服；中午，特意留出午休时间，让所有同学都静静地趴在桌子上休息，享受宁静的时光。每当这个时候，这个听见水声的孩子都会格外地安静……

学生只有差异没有差距，每个学生都应该享受到不同的教育，比如听见水声的孩子。

激励的力量

王建刚

导读

如何才能培育社会有用之才呢？我想，在学生的成长之路上，教师的激励便是育人的一大法宝。如果能充分发挥激励的力量，应该能够在学生成才方面起到事半功倍的作用。

如果将教师的工作，尤其是班主任的工作看成管理工作、领导工作，那么，教师和学生的关系很多时候就和公司里的领导与下属的关系极为相似。教师在和学生朝夕相处的日子里，有欢乐，有悲伤，有喜悦，有失望。看到他们成长与进步是教师最大的快乐，但快乐的背后有更多值得教师思考的东西，例如：如何管理好班级？如何带领好每一个学生？如何使每一个学生都不掉队？如何运用管理学知识管理班级？如何运用心理学知识激发学生潜能？……这些都是教师应该想的，应该做的，更应该将其贯穿落实到教学过程中的每一个细节上。

班级就是一个小集体，而学生的素质是有差别的。他们成长的道路也就有快有慢，有曲有直。如果根据他们学习能力的强弱划分，大致可以分成三种层次：优秀、良好、合格。如果根据他们遵守纪律的情况划分，或许可以分为乖乖宝、调皮捣蛋两大对比鲜明的类型。然而学生们都潜意识地愿意成为老师眼中的优等生、乖乖宝，而老师们也都希望自己班级的学生都是优等生、乖乖宝。因此，如何将班级管理好，让那些暂时"特立独行"的学生转变为班级集体中的正能量释放者，是老师、家长乃至学生本人的共同心愿！

我相信前辈的指点："如果孩子生活在赞赏中，他便学会自信；如果孩子生活在批评中，他便学会谴责；如果孩子生活在敌视中，他便学会好斗；如果孩子生活在恐惧中，他便学会忧心忡忡；如果孩子生活在安全中，他便学会相信自己周围的人；如果孩子生活在受欢迎的环境中，他便学会钟爱别人；如果孩子生活在互相帮助中，他便学会关心他人；如果孩子生活在亲情、友谊中，他便会觉得生活在一个美好的世界里。"每个学生的心中都有一个真善美的自我，没有一个孩子生来就消极悲观，那些负面性格都是外界因素作用的结果。所以，我们要多跟学生说"你应该、你能行、你可以"。尊重、鼓励孩子是做好一切工作的前提。不是每个孩子都美丽，但他们一定是可爱的；不是每个孩子都聪明，但他们一定是独特的。这需要教师用爱心去发现，用爱的阳光去照耀。

魏书生老师说过："要珍惜学生心灵中闪光的东西，以他们自己的光芒，照亮自己的黑暗。"对"特立独行"的学生，我绝不歧视，相反却给他们格外的关心照顾，定期和他们保持心灵沟通。在教育的过程中，我相信，对于这些学生，激励永远比批评更奏效，让他们找回自尊与自信是至关重要的。我也坚信，虽然他们可能暂时落后了，但他们也是孩子，他们内心也会怀有梦想，要求进步的愿望不会消失。尽管他们有时表现出"唯我独尊"的行为举止，但那只是表层行为，是一种自我保护的表现，也是一种维护自尊的表现。管理学中"马斯洛的需要层次理论"告诉我们：任何一个学生，都会有表现自己，特别是在集体面前展示自己才能的欲望。学生集体本身就是个小小的社交群体，获取社交自尊、追求目标的达成、展现自我的需求是人的本能需要。所以，每个孩子都是一支需要点燃的火把。也许，有时就因为教师的一个赞许的微笑、一句激励的话语、一个精心安排的机会……从此改变了一个学生的一生。

作为一名教师，面对每一位学生，尤其是成绩平平和淘气调皮的学生，我们应该用包容的眼光看待他们，用激励的语言鼓励他们，用博爱的行动感化他们。或许因为我们的包容，学生从此不再孤僻；或许因为我们的一句激励，学生的学习兴趣、探索精神得以提升。因材施教永远是教师的为师标准。我们的激励会让我们在学生中得到更多的信任与支持，这可以成就学生的一生，也可以成就自己的事业。

我曾经教过的班上，有一名男生叫李子嚣，人很聪明，但作业不按时交，学习成绩一直上不来，且较散漫，违纪现象较多，平时上课爱做小动作，爱说话。一些老师也对他有看法，甚至连家长都绝望地声称"这孩子真是无药可救了"。他是独生子，在爷爷奶奶身边长大，而他们从小太宠爱他，致使他在家里肆无忌惮，在学校也不知收敛，对其他的同学总是很无礼，个性比较自大封闭，经常跟周围同学发生矛盾。可是，我觉得应该把每一个学生当作充满灵性的人来看，坚持不放弃他，坚信"教人应成人"。

经过一段时间的观察，我发现他具有强烈的在同学面前表现的欲望，甚至很有集体荣誉感。我想，何不对症下药，给他一点机会，激励他一下？说不定就雕琢出来了呢。

首先，我在课上时时关注他，有时用语言，有时用眼神，有时用微笑。课后同样给予他更多的关注，观察他的一举一动，寻找激励的机会。我时刻寻找他的进步点，只要发现他有任何一点进步，就在全班同学面前表扬他，表扬的方式也是形式多样。只要有进步，我就用或长或短的鼓励性评语进行表扬，无论是书面的还是口头的。终于，经过几个月的努力，他改变了很多，作业能按时交了，上课也能积极回答问题了。其他老师看到了他的进步，也给予他更多的赞许激励。可以说，初步取得了阶段性激励效果。

如果就此放松，恐怕有朝一日他又会重蹈覆辙。班级这个小集体，对学生而言，就是个小组织、小社会，如果满足他人际尊重和自我实现的高级需求，或许可以让他"长治久安"。针对他的情况，结合班级刚好缺个纪律委员的实际，我想，何不就以此来激励他进一步提升自己呢？

方案既定，立即执行。有一天刚好我要开会，一个下午都不在班级，上午课间我便悄悄地走近他："李子嚣，最近在各方面你进步很快，同学们也都很关注你呢。我想，你应该起个带头作用，让我们班全体同学一起进步，你愿意吗？"

他满脸惊讶地问道："啊？带什么头呢？"

"你别害怕，我们先这样试验下。我下午有事情不能来班级，所以想请你帮我做件事，可以吗？"

"我听你的，老师。"他有点犹豫。

"我想让你帮老师暂时管理下班级纪律，等会儿课上哪些同学不遵守纪律，把名字记下来，我回来后告诉我就可以了，行吗？"

"老师……我……行吗？"他吞吞吐吐地问道。

我表情坚定地说："行啊，你肯定能行的啊！你最近能进步那么快，这点事情肯定行的啊!"

"全班同学我都可以记录吗?"他有些恐慌地又问道。

"可以的!"我坚定地点点头。

"那你有信心保证今天下午做好吗?"我又反问道。

"嗯,我保证做好!"他使劲地点点头。

会议刚一结束,我就直奔教室。

班级整齐划一,我心里非常高兴。全班同学都安安静静地在做自己的事情,他更是认真得出奇,正专心致志地自己做作业。连我进了教室,他都没有发觉。

放学后,我私下里向其他班干部了解了下这一个下午他的表现:安静、认真,表现得异常守纪律,像换了个人似的。听着这些话,我心里很是高兴,也轻松了很多:看来可以继续实施我的激励方案了。

第二天下午的班会上,我向全班同学间接推举了李子嚣。

"昨天下午我不在的时候,有没有同学不遵守纪律的?"

同学们摇着头回答:"没有,同学们都很安静。"

我又问他同桌:"李子嚣呢?"

他同桌答道:"他没有说一句话,很认真地做作业。"

"那同学们最近是不是也发现了,李子嚣最近各方面都进步很快,不仅成绩有提升,而且更守纪律了,是吗?"

同学们异口同声地回答:"是!"

"哦,那很好,你们看我们班现在正好缺个纪律委员,我想选举一位纪律委员来监督和管理我们班级的纪律,让同学们有个更好的学习环境,你们看谁应该可以起到这个带头作用,并能做好这个职位呢?"

反应快的同学,抢着喊道:"老师就让李子嚣当纪律委员吧。"

我说:"那好,同学们也都看到李子嚣的进步,我们就让他来试试。李子嚣,你觉得呢"

"老师,我能行吗?"他站起来,有些胆怯地问道。

"行!就像之前你的进步一样,准行!"我朝他微笑了下,表示肯定和鼓励。

"好,那我试试!"他下定决心。

时间可以证明一切,现在的他,已和以前的他无法相比!课堂上,积极回答问题；写作业时，认认真真作答；课间，还能看到他为同学们服务的身影。就这样，他从此脱胎换骨了！

三（2）班　王愚凝／绘

　　我放心了，家长也开心了，他再也不是以前的样子了。通过这名学生的进步，我更加感受到学生点滴的进步，是做老师的最大成功与欣慰。这不正是"如果孩子生活在赞赏中，他便学会自信"这句话的体现吗？学生的特点是天真、顽皮，所以要用心、用爱去教育他们，用教师的言行去激励他们。

　　教育的核心，就在于让孩子们始终体验到自己的尊严感。这次有意的安排，使他第一次感受到被人尊重和信任的宝贵，所以，这件事成了他积极向上的转折点。教育一时不听话的孩子，如同大禹治水：堵，可能适得其反；导，可能四两拨千斤。这个曾经被认为"不可救药"的他，现在听到了赞扬，受到了肯定，获得了从来没有过的激励。正是这种正能量，改变了他！正是这种激励的力量，将他引到正确的成长道路上来，使他能够正视前方走路了！

　　这一激励案例也让我坚定信心：应该坚信每个学生都是可以雕琢的玉，不能放弃任何一块顽石。永远不抛弃、不放弃，是教师的又一天职！

　　小学教育是一个漫长的在学生的未来中实现价值的过程，更需要细心、爱心与恒心。我期待着每一位小朋友都在激励的正能量中茁壮地成长。我也相信，在教师的悉心呵护下，他们一定会健康快乐地成长。

每个孩子心中都住着一个"好孩子"

李春虹

导读

美国心理学家威普·詹姆斯说："人性最深刻的原则就是希望得到别人的赏识。"孩子尤为如此。教师的赏识、激励、鼓舞是增强学生自信心、促进学生进步的强大动力。每一名孩子的心中，都有一个燃烧的火苗，这火苗就是成为好孩子的愿望。作为教师，我们所要做的，就是竭尽全力保护火苗，让它不至于熄灭，并且燃烧得更旺。

他叫小 A，开学第一天就因为和同学打架被我认识并记住，此后的日子里，他没有让我"失望"，一次又一次地深化留在我心中的印象。关于他的故事，三天两夜也讲不完。

晨读开始了，同学们都拿出了课本，只有他一人趴在桌子上，一动也不动。我快步走到他身边，提醒他准备好书晨读，他缓缓抬头望了望我，说"我没有带书"，然后就又趴到了桌子上。

第一次检查记作业情况，全班同学只有一人的本上一直空空如也，不是别人，正是小 A。问他为什么不记作业，他吐了吐舌头说："我不会写字，不认识你写的是什么。"

数学第一次测验的成绩出来了，全班只有一名同学的成绩不合格，我查了查卷子，不用说，又是他。这个孩子的问题不单单表现在学习上，纪律也不尽如人意。

仅仅是课间喝口水的工夫，一名孩子急着来找我："老师，我们班有同学打起来了！"我急忙跑到"现场"，一名学生已经哭了，另一名正挥舞着小拳头，准备伸手打他呢！我定睛一看，又是小 A。我连忙制止住他。挨打的学生见了我，委屈极了，哭得更凶了，同学们也七嘴八舌地向我讲述事情的经过。了解了事情的梗概，也知道了小 A 的火爆脾气，我将他拉到一边，开始了苦口婆心的教育。诸如小学生要文明、同学之间要团结友爱之类的道理，我讲得自己都有些烦了，这个孩子呢，却一副无所谓的样子，好像老师说的话跟他无关似的。

三（2）班　袁业泓/绘

对于这样一个棘手的孩子，说教显然不起任何作用，于是我开始改变教育方式，仔细观察这个孩子的一举一动，期待能找到他的兴趣点，以作为自己工作的突破口。

就在我为这个孩子的教育问题苦苦思索的时候，他的一个无意的举动打动了我，使我发现了教育他的契机。那是在一节语文写字课上，我正在发写字本。为了调动孩子们写字的积极性，我给每一个写得好的字都打上小星星。每次发写字本的时候都是孩子最快乐的时候，孩子们认真数星星的样子可爱极了。作业本发完之后，我在教室内巡视，当我走到小 A 身边的时候，惊奇地发现他正在专心地数写字本上的星星呢！那种专注的神情我从来没有见过。看到这些，我心中不禁一动：小 A 也渴望成功啊！其实，孩子何尝不想表现好呢？看着小 A，我不再为他的反常行为而恼火，取而代之的是心疼，我决心帮助这个孩子找回自信，让他体验到成功的喜悦。

在教学中，我开始用欣赏的眼光看待小 A，让他感觉到教师对他的关注。他上课心不在焉时，我不会简单地斥责他，而是用眼神给予友好的提醒。当我们四目相对时，他便微微一笑，开始认真听起课来。他和小朋友有摩擦时，我总是耐心地听完他的倾诉，然后朋友般地引导他。我对小 A 的尊重和积极的期待有了回报，我发现，他的抵触情绪慢慢消失了，我感觉到这个孩子的心慢慢向我靠近。

除了教师外在的期望传递，我也努力帮助小 A 建立积极的自我期望，每当发现他一点点的进步时，便表扬他。知道他喜欢写字，我就在字上下功夫。起初，他写的字常常不是少笔画就是结构不对称，我总是悉心地一遍一遍指导他，手把手地教他，并常常将修改过多次的字打上大大的红星，放在投影仪上让同学们欣赏。并且我常常对小 A 说："孩子，你看你的字写得多好，记住，老师心中你是最棒的！"我的话起了作用，我看到他的脸上写满了自豪。我知道他已对自己产生了积极的自我期望。

学生有了自我期望，并开始付诸努力。作为教师，我们就应为学生创建一个平台来满足他们自我实现的需要。于是，我开始为小 A 搭建展现他个人特长的平台。

在同小 A 聊天的过程中，我了解到他喜欢讲笑话，便利用中午小饭桌的时间让他给小朋友们讲笑话。我们一起找笑话的素材，选好后，我指导他讲笑话的语气和姿态。他讲的笑话惟妙惟肖，深受同学们的喜爱，大家亲切地称他"笑话大王"。而我也常常被他的笑话逗得捧腹大笑。我将他搂入怀中，轻轻地在他耳边说："你的笑话真有趣，谢谢你孩子，你为我们带来了无尽的欢乐，你真棒！"每每这时，小 A 便低下头，不好意思地笑起来。这是一种真诚而又开心的笑。体验到了成功的喜悦，小 A 变得乐观而自信了。

慢慢地，小 A 的脸上浮现出越来越多的笑容，他对生活的态度也变得越来越积极，已经很少听到他动手打人的事情了。有一次课间休息时，他竟去主动帮助一名同学系鞋带，还提醒其他同学课间不要打闹。

现在的小 A，俨然是一名纪律小标兵，他的字也有了很大的进步，被评为了写字小明星。尽管有时他也会有行为上的反复，如跟同学拌嘴，但这种行为发生的频率越来越少。我相信他记住了老师的这句话："老师心中你是最棒的！"是的，作为教师，我们就要给每个孩子都传递这样一个信息，让他们相信自己是最与众不同的那个人，也是老师心中最棒的小学生。

美国心理学家威普·詹姆斯说："人性最深刻的原则就是希望得到别人的赏识。"孩子尤为如此。教师的赏识、激励、鼓舞是增强学生自信心、促进学生进步的强大动力。在小 A 的事例中，我们看到了问题学生转化的可能，也感受到教师的期望对促进学生成长的重要作用。我坚信，每一名孩子的心中，都有一个燃烧的火苗，这火苗就是成为好孩子的愿望。作为教师，我们所要做的，就是竭尽全力保护火苗，让它不至于熄灭，并且燃烧得更旺。

学校处处皆"大事"

何秀华

导读

简单粗暴是最快捷的方式，却不是直抵心灵的最佳方式，因为好东西总是得之不易。把一颗慧心、爱心融入教育的一个个细节，才可生出温润与和谐。

时钟指向中午 12 点，送餐公司已经将三菜一汤一饭一面点送进教室，很丰盛，很诱人。要知道，校长挑了大半个京城，又是看网评，又是让胜出的几家餐饮公司 PK，请来老师、家长试吃，还为五毛钱讨价还价，最后才敲定了这家新公司。"小饭桌"这点事儿，可不是小事儿。

这时，美术老师将一年级的"小豆包"们送回了教室。我一边招呼"小豆包"们洗手，一边琢磨：以往让孩子们轮流当服务生，为其他同学盛饭，虽秩序井然，但盛到最后，饭菜难免凉了。练了一年了，"豆包"们的手也该灵巧些了，能不能自己盛呢？这样还不浪费，吃多少盛多少。

等他们洗手回来，我就在黑板上又写又画：

今天我们吃自助餐。看，这是饭菜 ▭ ▭ ▭，它们已经排好队了。你们也按小组排队来盛饭，一个小组站左侧 ▭▭▭⟶，一个小组站在右侧 ▭▭▭⟶，像两队小鱼同时往前游。

"豆包"们眼睛发亮，欢呼起来："耶，今天吃自助餐！"副班主任一听，觉得有意思，也奉献一招："把三个菜放在一块，勺子可以共用，更快！"哇，到底是数学老师，脑子真快。于是，我左手拿三把菜勺，右手拿一把饭勺，举起来："会找不同吗？"

"老师，菜勺都是铁的，饭勺是木头的。"

"菜勺都长得一样，饭勺是一块平板。"

我又拿起一把菜勺，把三个菜全舀了一遍，问："发现什么了？"

"机灵鬼"小凯跳起来了，说："我知道，我知道，它们可以通用。这样盛菜不用等。"只听"豆包"们煞有介事地点点头，赞不绝口："老师太聪明了！"冒领数学老师的聪明，心里美滋滋的：吃饭这点事儿，可以做得聪明些！

"豆包"们按着组号，一组组盛饭菜，只要有勺空着，就有小手过去拿，也知道谦让。我又逆着组号，让等待着的其他组先盛汤、吃馒头，不让他们饿着等，但汤不给多盛，因为喝多了就吃不下饭菜了。

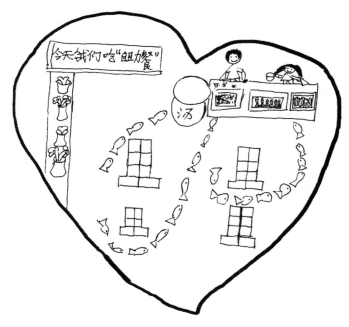

二(4)班　薛媛媛/绘

时钟指向 12 点 10 分，只 10 分钟，"豆包"们就各自盛好饭，落座吃了起来。听《蓝色多瑙河》的旋律从广播里流淌出来，我不再说话。吃着小谭为我盛的饭，我嘟囔道："原先把我当大象，现在把我当小鸡了，盛这么少。"我端着饭盆去加饭，发现肉和菜都快被盛完了，米饭却剩了不少。我一边盛饭，一边想招儿：一起吃饭是件快乐事，不能逼，逼就成苦役了，怎么办？

待我下手盛饭时才发现新的送餐公司用东北大米做饭，好吃，却黏软的，沾在饭勺上，弄不下来。这可能也是饭剩下不少的一个原因吧！

盛完饭，计上心来，我戴上一次性手套，喊道："谁想吃日本料理？"正埋头吃饭的小家伙们纷纷抬头，四下搜寻，看我是不是又从家里带好吃的来了。我弯下腰，三两下搓出一个饭团，喊一声："变！""豆包"们见了，都嚷着："我要吃饭团子！"

就这样，米饭畅销了。他们排着队，无比欢欣地从我手里接过了一个个大小不一的饭团子，一边回座，一边欣赏，咂着嘴，啧啧称赞。连最不爱吃米饭的小雅也吃了两个大饭团。一转眼，米饭盒就见底儿了，送餐阿姨又为我们加了点儿饭。我看着"豆包"们喜不自胜的样子，在一边偷着乐：小样儿，不就"小饭桌"这点事儿嘛！

我吃完饭，又趁热打铁来了一句："我还要做一个特别的饭团子，送给吃饭最干净，小嘴和桌子都擦好了的同学。"这回，我在白白净净的饭团上安了两颗绿豆，一片胡萝卜，饭团变成一个可爱的娃娃。只听四下"哇"声一片，他们吃得更欢了，小弘甚至把饭碗舔了一遍。

最后，几个同学像领奖状一样，从我手里领走了"米饭娃娃"。我不忘叮嘱一句：你可以将这个饭团带回家送给妈妈，明天就是三八妇女节了。听到这句话，其他"豆包"们着急了："老师，明天我们还吃日本料理吧！"

晚上，我收到一个妈妈发来的信息。

　　儿子送给我一个饭团，兴奋地告诉我，这可是他特别为了我争取的奖励。于是我特别认真，特别感动地享受了儿子的礼物。饭团很香，看来学校伙食不错。您很睿智，米饭捏成团就不一样了，包点菜又不一样了。其实大人、孩子都喜欢形式的变化。谢谢您！

写下这个故事，越发觉得"小饭桌"这点事儿是大事。

其实，我的工作中满是这样的"大事"：后黑板上孩子们的画用小磁铁一张张贴着，是为了摘下来后还能为他们保存。窗台的花花草草上都写着浇水时间，三五天不等，那是教孩子付出爱；大年初一，他们不在，我没忘记去浇。眼前的文件夹是我特意为孩子们买的，因为杆儿薄，放在书包里不占地儿……不仅是我，我们都是这样做的。

教育原本就是细节，有很多"饭团"需要我们来捏，捏的时候，还要顺便将"妈妈心"放到里头，把快乐也放到里头。听，在楼下为一年级孩子加班摆书的李老师，正旁若无人，拉腔带调地哼着《乌苏里船歌》呢！

我的小组我做主？

李 秀

导读

在"我的青春我做主"的今天，孩子们的童年也似乎受到了些许影响，即使是一年级的小同学，也不再凡事只听老师或班干部的指挥了，他们也期盼公平和民主。不论是教育教学还是班级管理，都需要一个"民主"，这是倡导教育公平的一种体现。为人师者则更要做学生的"民主榜样"，并把这种价值观渗透给所有学生。培养高素质的合格公民，可以从这个细节开始……

"第九小组真棒！又是第一个举手发言的小组！"

"老师要表扬第九小组，因为他们的坐姿最棒！"

"第九小组……"

一节课上，我卖力地表扬着第九小组。

这是我引以为豪的小组，我庆幸自己发掘了一个富有责任心、能干的小组长晓晴。

初为人师的我，和班里的一年级小同学一样，觉得一切都是新鲜的、陌生的，我时时刻刻都在用眼睛观察、用心体会，学习身边的老师是怎样管理班级的。在班级小干部的选举上，我凭借对新生入学之后近一周的观察，在心中简单勾勒了几条标准，就临时任命了每个小组的组长。刚上任的小组长们个个胸有成竹，都想向我表明自己是合格的小组长：上课时提醒小组的同学认真倾听，下课时监督本小组的同学不追跑打闹……我呢，也和孩子们一样，有些沾沾自喜了。

好景不长，虽然一年级的小同学最听老师的话，对班级的大事小情最有积极性，但是，我忽略了，六七岁的他们是很难有成人的坚持和耐力的。渐渐地，课堂上有些小组长终于也管不住自己了，更忘了自己这个小组长的职责，甚至有几个小组长还和调皮的学生上课说话、下课打闹在一起。我严厉地批评过他们几次，但效果不大。看来这招不灵，得反其道而行之了，要给他们树立个好组长的小榜样。观察许久，我发现晓晴带领的第九小组一直是课堂上表现最好的小组。我便有意识地表扬第九小组在班级的各种表现，并对晓晴在小组管理中的表现大加赞扬，激励其他小组长向她学习。每次受到表扬，晓晴的脸上都会露出开心的笑容。

这次表扬，我却没有看到晓晴往常的自信笑容。

晓晴是个平时话不多的女孩，总能悄悄地把该做的事情做好。观察到她的变化，我没有急于找她本人询问，而是找来小组成员聊了聊。九组组员的反馈令我大吃一惊，原来在他们眼中，晓晴因为做了组长，事事都干涉和管着他们，虽然他们有时心里不服气，但也没敢向老师申诉，而是表面服从，私下却不愿意和她一起玩，和她做朋友。哦！原来这么小的孩子也会对"强权"进行反抗啊！

为了更全面地了解晓晴的心理，我与晓晴妈妈进行了沟通，从中了解到晓晴起初认为当小组长是很光荣的事情，她对组员要求很严格，但最近她经常向妈妈抱怨有的组员开始不听她的话了，课下还不愿意跟她一起玩。同学们还给晓晴起了一个绰号——"魔鬼组长"。

我终于理解了这个让我又喜又忧的小组长。她原本以为当了组长，第九小组的事情就是自己的事情，心里想着"我的小组我做主"，用强硬的方式让小组的同学都服从自己的命令。譬如：组员坐姿不端正了，她用言语提示不奏效，就会扳着同学的小手放到该放的位置上；组员不积极发言了，她会强迫组员举手回答问题……

由此，我总结了挑选小组长的新标准：自己是小组同学甚至全班同学的小榜样，并且尊重他人，懂得人人平等。

我做晓晴的思想工作："作为一个小组长，要想让别人听你的意见，你就要比别人做得好。你在课上专心听讲，起一个好榜样的作用，小组的同学自然会向你学习。如果还有同学在课上说话，也不听从你的劝阻，你可以在课下跟他单独聊聊，问问他对你是否有什么意见，或认为你在哪方面有什么不足。如果他的意见正确，就要虚心接受批评并积极改正。试试老师的方法，你还是那个最棒的小组长，不过你很快就会和组员成为好朋友了！"晓晴听了，眼神里重新充满了自信。

从晓晴的身上，我也反思自己，她是"我的小组我做主"，那我呢？在孩子们的眼里，我是不是为了维护教师的尊严和权威，也走进了"我的班级我做主"的误区呢？古语道："学高为师，身正为范。"扪心自问，示范的作用我做得是否充分？当我要求学生认真倾听时，我是否也是每一位同学的倾听者？当我要求学生字迹工整时，我在黑板上的笔迹是否工整？班主任不是大官，但也要用榜样的作用、平等的关怀感化学生；小组长不是小官，在体验榜样自豪感的同时，更能促进自我成长，用微笑赢得微笑，用和谐构建友谊。

我的小组谁做主？我们一起来做主！

一（2）班　刘静仪/绘

小组合作，你关注到每个角落了吗？

张　静

导读

　　每个孩子其实都是一座值得挖掘的宝藏，都渴望得到老师的关注。发展性教学理论认为"差异是一种资源"，因此对待不同层次的学生，教师如果积极调整自己的心态和视角，用鼓励的眼光去珍视他们，就会发现原来学生都有丰富的"内心世界"。

　　2012 年 2 月 12 日上午，我校召开小组化学习的研讨会。张红老师作了《小组合作学习的组织与实施》的报告。

　　2 月 13 日，开学第一节课，我在自己的班内开始了小组化学习的实践。

　　首先是分组，十名班委、中队委分别当组长，其余学生都站在教室前面，由组长挑选副组长，再依次挑选其余两名学生。小组成立，组内最热闹的是确定哪名学生作为纪律队长。

　　我在数学课上积极实践小组合作，效果显著。不但调动了学生的学习积极性，也缩小了两极分化，更培养出了多名小老师。

　　然而，小组学习正一步步迈向成熟的时候，我的眼前出现了这样一幕。

　　那是周二下午放学后，我去教室取东西，还没进门，就透过门框上的玻璃隐约看到一个身影在弯腰翻教师用的抽屉。那个抽屉里放了我和苗育春为学生准备的奖品——棒棒糖。

　　我猛地推开门，厉声问道："你干吗呢？！"

　　"我，我找卷子呢！"小倩，一个最近问题不断的女孩子。

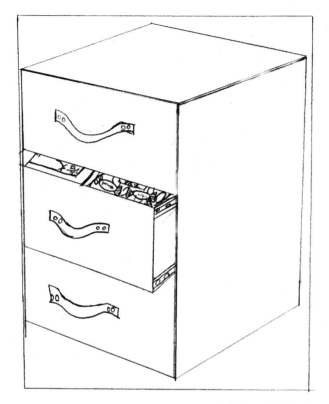

六（2）班　麻润瑜/绘

"我也没要求发卷子，你找什么呀？"

"我爸爸要看。"地上散落着两支棒棒糖，抽屉也没关严。

"这糖是怎么回事？"我指着地上的棒棒糖，目光直视她。

"我来的时候就这样，不信您查录像！"她还振振有词。

"又查录像，上次卷子的事儿又忘了是吧？"

……

"我们组根本就得不到奖励……"小倩哭着说。

"那也不至于这样嘛！不就是一支棒棒糖吗？"我笑着安慰道。

"可是为了我的学习，我妈已经四个月没有让我吃零食了！"她边说边委屈地哭了起来。

咳，可怜的孩子，可怜的家长！

我拿起一支，递给她，语重心长地说："这支棒棒糖没有你想象的那么甜，不信，你尝尝吧！"

　　"我不要，我要通过自己的努力来得到它！"

　　"就冲这句话，我也要奖励你！"

　　小倩拿着棒棒糖高兴地走了，而我却站在教室里久久没有离去。

　　是的，一不小心，小组化学习可能就有被冷漠的角落。

　　教育不能只有"竞争"，不能只偏爱那些优秀的小组，而应多关注那些怎样努力也没有领先的小组。每一个小组都应该得到教师公平的关注和支持。

爱之 "家"

张志刚

导读

学校是什么？是我们的家！这里充满了爱！它是那么美好，有阳光和雨露，有鸟语和花香，有绿树和流水，还有笑语和欢歌。它是我们的精神家园、生活乐园，更是孩子们认为很好玩儿的地方！在我们的人生旅程中，不管刮什么风，下什么雨，一想起美丽的校园，我们永远都会露出幸福的笑容。

2012 年 7 月，根据学校的工作安排，我从本部调到 CBD 分校工作，切实感受到了新学校的现代气息，也真正体会到了新学校创业的艰苦。

年底时，康琪老师带回了教委领导对 CBD 分校的书面评价：

清华附小商务中心区实验小学为朝阳区教委 2011 年引进的优质资源学校，该学校是朝阳区教委与清华附小合作创建的一所小学，2011 年成立以来，学校的发展得到了市、区人保局等各部门的大力支持，并呈现出非常好的发展势头。

这是教委领导对 CBD 分校的评价。我们知道，朝阳区大力发展教育，引进了很多名校，但获得如此肯定的我们是第一家，这充分说明了朝阳区教委对我校的重视，更是对 CBD 分校教师团队的付出的肯定。

CBD 分校的老师与本部老师们一样，都有一颗勇于奉献并甘于奉献的心，并且践行在工作当中，表现为对学生的爱。

举个小小的例子：当人大代表到校视察的时候，在图书馆，一名一年级的小同学因为紧张，忘记了如何跟客人们问好，傅老师这时候走上去给了孩子一个爱的拥抱。这感人的一幕被人大代表广为传颂。

去年年底，连续下了好几场雪，别的学校基本上为了保证学生的安全，都把学生关在教室里，他们眼巴巴地看窗外的雪景。看看咱们的孩子是怎么过的吧。这是张维华老师的随笔。

一样的雪，别样的情

望着冬日缓缓升起的朝阳，嗅着阳光下略带清凉的空气，我们迎来了CBD分校的第一个冬季。

那天早上，片片雪花犹如一个个淘气的小精灵轻轻叩响了附小的大门。望着窗外飞舞的雪花，孩子们都兴奋地又蹦又跳。"下雪啦，下雪啦！""可以玩儿雪啦！""可以堆雪人打雪仗喽！"阵阵欢呼顿时使安静的教室沸腾起来。呵呵，看着孩子们开心的样子，真好。这时候的我也多么想带着他们出去啊，可是，又担心学校能否同意这样大规模的行动。纠结之时，广播声悠悠传来。"同学们，你们看看窗外，发现了什么？没错，下雪了！所以，今天的课间操时间就由班主任带领本班学生去操场上玩儿雪吧！但要注意安全哦。"广播声音还未落，孩子们就一下子围到了我的身边，叽叽喳喳地说个不停，那兴奋劲儿就别提了！

于是，下了课我们就直奔操场，开始了我们的第一次附小雪中行。

刚一出来，哇！我们都被楼门口那硕大的雪人震惊了！两米多高的身材、笑呵呵的面容，还有飘逸的红围巾和一顶用锥筒做的大帽子！一下子，所有的孩子们，不，我们所有的人都惊叹不已！于是，我们开始欢呼，开始游戏，开始享受这场雪给我们带来的惊喜和快乐！

孩子们追着、跑着、笑着、闹着、喊着、叫着、开心着、回味着……雪场中的丁香宝贝们顽皮可爱，他们会滑倒，会摔跤，也会和同学有所碰撞，但是每每发生这样的情景，总会有一双双小手伸出来拉起摔倒的同学，扶起坐在地上的朋友。一句句轻声的问候，一次次关切的帮忙，无不显示出清华少年的团结与友爱，坚韧与顽强！

一样的冬天，一样的雪，一样的孩子，一样的爱，但不一样的却是给予孩子们的那份成长的快乐，那份别样的感情。

六（4）班　熊开元　赵婧扬／绘

我再引述二年级赵红霞老师的随笔。

采花成蜜，辛苦也甜

10 月 26 日周五的晚上，叶红老师突然来到二年级办公室问班级文化墙布置得怎么样了，把我们几个老师问懵了。事先只听说要打扫好卫生，没说对班级文化墙有怎样的要求呀。我们当机立断决定明天加班。已经是六点多了，郭赞新老师外出学习不在，副班主任玉静老师家在延庆，已经坐车回家。我给任老师打了个电话，她快到家了，但接到电话后二话不说往回赶，赶回学校时已经晚上八点多了。此时在学校的我、王芳杰、张利伟刚刚讨论完教室的布置设计，准备了一些资料。那天我到家已经十点了。

第二天是周六，我们会同赵青老师、康祺老师以及段娜娜老师开始布置教室，我们分工合作流水作业，从上午八点一直忙到下午三点。舒立老师也从家里赶来帮我们布置文化墙。之后我们一起帮段娜娜老师清理打扫了美术教室。

10 月 30 日朝阳区人大代表来学校参观，29 号周二下班以后，我们最后一次检查班级卫生，而二（1）班康祺老师工作比较忙，段娜娜老师的腰不好，张利伟、王芳杰和我便一起来到二（1）班，帮着扫地、墩地、摆桌椅。

再说下科任组的感人故事。

12 月 29 日的新年联欢会是本学期学校的重点工作之一，张胤老师作为本次活动的艺术总监，从设计到编排，事无巨细地都要参与。28 日晚上 11 点多，为了第二天的演出能顺利进行，张胤还带着舒立老师一起调试乐器，一直到凌晨 1 点钟。因为团队中有了像张胤、舒立等这样敬业的老师，新年联欢会获得了圆满成功。从家长们的赞誉声中，我们找到了自身的价值。但是大家可能不知道，张胤的父亲在年前刚做了一个大手术，在需要陪护在亲人身边的时候，张胤却坚守在工作岗位上，一天假都没有请。

张忱老师是这学期新加入 CBD 分校团队的老师，因为专业素质强，被朝阳区教研员选中参加北京市 BDS 课程录制，并且一上就是五节，这对一个刚工作的老师来说困难极大。但是张忱老师却把压力变成动力，圆满地完成了录课任务。实际上录像课的时候张忱还发着高烧，但凭着顽强的毅力和对附小的奉献精神，她圆满地完成了任务。她为附小争了光。本学期，她被学生评为"微笑大使"。

赵卫新老师是朝阳区青年教师的楷模。身为北京市骨干教师的他利用自己在朝阳区的人脉关系，为学校带来了很多最新的信息，引进了很多优质的资源。赵老师在工作中严于律己，获得了广大师生的一致好评，被评为教师中的"儒雅大使"。

这些小例子是 CBD 团队工作的一个缩影，从他们身上，我知道了什么是教育之爱。

在这爱的氛围中，我体验到了什么叫"修炼"和"奉献"。

有了这样的爱，教育有什么不可为呢？

兴趣带动教育，真爱呵护童心

李 强

导读

> 用心去发现孩子与生俱来的兴趣，用爱唤醒孩子探究心中神秘世界的激情，你会发现，其实每个孩子都有机会成为璀璨的未来星。

作为一名教育工作者，我时刻提醒自己：每个学生都是独特的，他们因为有不同的个性，才有自己独特的美丽。所以对学生的评价绝不能因成绩或纪律而定，评价一定是多元的。而且作为教师，我们一定要学会发现学生的长处和优点，要像伯乐一样，去发现他们的生长点。同时在教育上，我们要把自己的爱，给每一名学生。正如我国著名的教育家顾明远先生所讲："没有爱就没有教育，没有兴趣就没有学习。"所以，我们要用兴趣带动教育，用真爱呵护童心。

下面就和老师们分享一个发生在我身边的故事，这个故事教会了我如何发现学生的特长，如何用兴趣带动教育。

2007 年 9 月，我开始负责四年级的科学教学工作。在任课一周后，我发现四（4）班是让人最为头疼的班级，因为班里有位出了名的"问题男孩"，他上课时的发狂，会使你无法进行正常的教学。例如上课时，他会站在椅子上，大声喊叫，或者冲着同学发狂地说："我要杀了你！"但每次他也只是说说而已。因为种种原因，班级分小组时同学们因为怕受他影响，都不愿意和他同组。面对这样一个学生，我该怎么办呢？课堂上的激励表扬，充分给他空间等等，很多种教育方法都使用过了，但还是不见成效，每次给他们班上课，我都像去打仗一样，要准备好各种战术战略来应付这个学生，而每每都以失败告终。面对这样一个学生，作为教师，我并没有丧失教育的信心，并始终坚信：只要用心去发现，总会找到合适的教育契机。而一个月后，机会终于悄悄地到来了。

在 10 月底的一节科学课上，我发现他在偷偷地看课外书，当时他发现我看到他了，便轻轻地把书从桌面上收起来，但是在书将要放进桌斗里的一瞬间，他又把书拿了出来，接着翻看。看到此情此景，我并没有让他把书收起来，而是继续讲课，同时在注意他看的是什么书。

铃——下课铃声响了，我让他等一下再走，他表情严肃地看着我，像是在等待批评。

"今天上课看的是关于发明的书吧？你知道吗，现在咱们学校的兴趣小组有发明课，你想参加这门课吗？"

"老师，发明班里有小制作的内容吗？"他瞪大了眼睛，看着我高兴地问道。

"当然有了。今天看到你在看发明的书，想必你是一个喜欢动手制作而且喜欢思考的孩子，所以我希望你能够来兴趣小组，同时老师送给你一本书——《轻松发明》，里面有很多发明的方法，相信你以后也会成为一名发明家！"

就这样，他加入了课后的兴趣小组，而且也和小组的成员成了研究中的好搭档。渐渐地我发现，他不但动手能力强，而且科学素养极佳，每次设计都有一定的逻辑思路，而且分析起来头头是道，因此他在这个兴趣小组中经常得到同伴的认可和老师的夸奖。在一段时间以后，他在科学课上的表现也慢慢地好了起来，而且参与到了小组化学习中。

半个学期过去了，我们又开始评选科学课代表了，可采用自我推荐和集体选拔的方式，他的票数在班里排名第二。怎么样才能给他一个机会担任课代表呢？为此我这次选了两名课代表，一名男生，一名女生。我说完决定以后，很多女生表示反对，因为根据以往的表现，她们认为他不能遵守课堂纪律。我想，作为教师，这个时候我一定要信任他，给他自信和鼓励，于是说道："同学们，既然他选择了担任课代表，就说明他有自信管理好自己，并做好课代表的工作。你们和老师一起相信他好吗？"就这样，他成为了科学课代表，事实也证明了他的确做到了。在升入五年级的暑假期间，他参加了全国的科技创新比赛，最终获得了一等奖的好成绩，并在人民大会堂领奖。到了五年级，因为教学上的安排，我没有教他，但是从其他科学老师那里得知，他在科学课上一直表现得非常优秀。

2010 年 7 月的一天，我收到了一条非常让人高兴的短信，是他爸爸发来的，内容是：

> 感谢李老师，我的儿子考上了海淀区 101 中学的科学实验班，感谢您激发了孩子在科学研究上的兴趣，并给予了孩子足够的信任。

学生的发展是多元的，作为老师，我们要向伯乐一样去发现千里马，并且给他们施展的空间，用兴趣带动教育，用真爱呵护童心。

六(1)班　陈雨嫣/绘

用爱浇灌每颗心灵

赵若冰

导读

每一个生命都需要呵护，没有高低贵贱，没有贫富差距，没有智力差别，只因他们冲破一切阻力来到这个世界。呵护，源自真爱，源自了解，源自陪伴。唤醒每一粒沉睡的种子，让每一个破土而出的生命都能沐浴阳光，用敬业、博爱的热诚之心，叩开每一扇尘封的心门，是每一个教育工作者最崇高的师德。

我到清华附小半年多了，突然发现，自己的好朋友都是 10 岁左右的孩子，不禁笑出声来。但仔细想想，每天跟这些清澈见底的孩子们在一起是一件多么幸福的事情。我喜欢他们的笑容，喜欢他们对我的信赖和肯定，来自他们的一句话、一个动作、一个眼神，都可能让我将工作一天的辛苦抛到九霄云外。

我把"用爱浇灌每一个孩子的心灵"作为自己的座右铭，小心翼翼地呵护着每一颗幼小的心灵。

有一节课让我刻骨铭心。

那是四年级的一堂阅读课，课进行得异常顺利，提前十分钟就完成了教学任务。我刚好从书里学到一个新的小组活动，决定不妨试试。

"同学们，下面是游戏环节，我们玩'吊小人'词汇游戏。"我话音未落，同学们就开始欢呼起来。我先找出两位学习成绩比较好的同学做队长，然后让他们分别组建团队进行对抗赛。

队员的招募起初很顺利，未被选入队的学生越来越少，十个，五个，三个，两个……最后，剩下那个坐在角落里从来不吭声的小萌。她紧张不安，一脸惶恐。是的，没人愿意招这么个"学习不好"、"有点迟钝"的小姑娘入队。一看这种情况，我不得不介入了："小萌虽然不爱说话，但是她的记忆力特别好，一定能帮上大家的忙。小萌，你到第一组来吧！"我很得意自己"一个都不能少"的教育情怀。小萌憋得小脸通红，慢慢站起来，怯生生地往第一组"挪"去。

"Mr. Zhao！这不公平，凭什么把她分到我们组，她很笨！"突然，一个尖锐的声音从我身后"窜"出来。

同组的其他学生也愤愤起来："谁愿意跟她一组啊，反应那么慢！"

自己怎么能任几个没礼貌的孩子摆布呢！我连忙说："同学们，还有几分钟就要下课了，还想不想做游戏啦？我们先做一组游戏，之后再讨论分组好不好？"

可想而知，这轮对抗第一组输了。第一组队员纷纷抗议了："就怪她，慢得像头牛，能不输吗？""真没劲，有她在咱们组就赢不了！""Mr. Zhao，以后咱们再玩这种游戏时分组就别算她，到哪儿都拖后腿。"

……

站在队末的小萌像犯了罪似的，脸色惨白，低着头，浑身发抖……大家的指责声不断，甚至有两个组员委屈得哭了起来，边哭边申诉："谁跟她一组谁倒霉！"这时下课铃声响了，小萌终于忍不住，号啕大哭起来，冲出教室。

上班刚刚一个多月的我，内心惶恐极了，三步并作两步跑出教室拉住小萌，把她带到竹林。待她平静后，我竭尽全力开导小萌，并向班主任求助，共同疏导。用了将近一个下午的时间，我们终于安抚住了小萌，她破涕为笑。

一切都过去了。然而，这堂课却在我的心中留下了抹不掉的印记。这件事会不会给小萌造成难以修复的心理伤害呢？这个突发奇想的游戏分组方式科学吗？

教育就是尊重、责任和爱心。教室应该是个温润的集体环境，教师应该为孩子创设让他们有安全感的活动，而不是在紧张压抑的氛围中挫伤某个学生幼小的心灵。心理学研究表明，个体的归属感如果长期得不到满足，会造成归属焦虑，导致个体与集体疏远。如果他们得到了集体的认同和接纳，则可以增强他们的自信心。苏霍姆林斯基说："教育技巧的全部奥秘也就在于如何爱护儿童。"所以，我们教学时需特别注意，不能让某些学生有低人一等的感觉，每一个教学活动的设计，都要考虑是否照顾到了班级里那些有特殊需要的学生，都要力图让他们在课堂上也有绽放的机会。

　　教育如同园丁照顾苗圃：不奢求朵朵花儿都娇艳无比，只期望每一株的身上都撒满阳光；不奢求片片叶儿都青翠欲滴，只期望每一片都能拥有自己美丽的天空；不奢求棵棵苗儿都长成栋梁，只期望每一棵都能茁壮成长。

三(6)班　李珺菲/绘

让孩子心中充满阳光

刘　鸿

导读

　　学生们在成长过程中出现的一些问题在成年人眼中也许不算什么，但对他们来说却意义非凡。学校教育的意义，不只在于传授知识，还在于关注并努力满足孩子的心灵和情感需求，让每个孩子都有健康阳光的心态。

　　放学的队伍如往常一样在校园里行进着，我注视着每一个和我说"再见"的孩子。突然，一个瘦小的身影跳进我的视野。奇怪，从未间断过在学校上课外班的小 F 怎么会突然离队？凭感觉，我知道这孩子肯定有心事。

　　当我叫她时，她脸涨得通红，说话支支吾吾的。经过细心询问，我得知她正和一位特别要好的同学闹别扭。我将孩子领进办公室，像朋友一样与她聊起来。没想到平时文静的她，还挺有主意。看来，我对她的关注太少了。在谈话的过程中，她把自己的苦恼、困惑提出来，我因势利导，告诉她如何与人相处，做一个受大家欢迎的人。当她离开办公室时，我发现她笑了，我也如释重负。

　　学生们在成长过程中出现的一些问题在成年人眼中也许不算什么，但对他们来说却意义非凡。学校教育的意义，不只在于传授知识，还在于关注并努力满足孩子的心灵和情感需求，让每个孩子都有健康阳光的心态。

　　罗曼·罗兰说过："要散布阳光到别人心里，先得自己心里有阳光。"老师的阳光就是一颗热爱学生的心。有了爱心，面对学生时才会多赞扬、多激励，少训斥、无讥笑；有了爱心，我们才会发现学生的美，发现他们心灵的隐秘角落。

　　有一位老师特别有办法，他在班级中每月确定一个"开心日"。在"开心日"，教师不批评学生，学生不埋怨同学，大家听到的都是阳光的评语，以此拉近师生、生生之间的距离。在享受阳光评语的同时，学生学会为痛苦者送上安慰、为胆怯者壮胆、给自卑者自信、给懒惰者鞭策。

五（4）班　魏佳原/绘

　　苏霍姆林斯基说："让每一个孩子在学校里抬起头来走路。"我将努力用自己的爱心营造一片阳光，让学生在阳光灿烂的日子里快乐成长。

为师者的礼物

王小茜

导读

个别生教育一直是困扰教师们的一大难题。孟子说"得天下英才而教育之",是人生之大乐。其实何必教育出英才,只要能够给孩子带来快乐,能为他们的健康成长提供一点正能量,就算是为师者的赏心乐事了。

说起我们班的小飞,学校里没有几个不为他头疼的。作为他的班主任,我更是时常被他搞得哭笑不得。

这不,前些天,在我们班和六(5)班准备进行篮球比赛的时候,因为他自身条件不够,再加上他不遵守比赛规则,男同学们打球不愿意找他。但是,每次练球,他总是跑去掺和。

一天下午,我刚到办公室,吴老师就告诉我,小飞弯腰捡球时,不小心被球砸到了头。尽管没有任何破伤,同学们也及时向他道歉,他仍然不依不饶,大吵大叫。打这以后,男生们都对他意见很大,有的同学干脆赌气说:"只要小飞上,我就退出比赛。"小飞自知理亏,也再没有提出要参加。

但是,他开始磨着我要举行乒乓球比赛。乒乓球是他的最爱,他一直认为自己乒乓球打得最好。平时,我表扬别的同学时,他总会酸酸地说:"有什么呀,敢和我比乒乓球吗?"我想也是,举行一次乒乓球比赛,让他显露一下自己的特长,有利于他树立自信。

于是,我和班上喜欢乒乓球的同学,约好星期六下午3点到5点,在清华教工活动中心组织一次乒乓球比赛。

星期六下午，他提前给我打电话，生怕我忘记了。

为了这场比赛，他特意买了一只质量不错的球拍。看得出，他很看重这场比赛。在几个回合的过手之后，我发觉他打乒乓球的技术也一般，和我差不多。在他打出好球时，我大声为他叫好。好久没摸拍了，这时我也逐渐找回了打球的感觉，越打越自如。不一会儿，我已浑身是汗。两个小时的时间很快过去了，没想到临走时，这小子却说："王老师，和您打球不敢打，我让着您！"

第二天，让我惊喜的是他把打乒乓球的事还写了练笔，尽管里面有许多不通顺的地方和错字，但是大意表达出来了。

更让我欣慰的是自从有了那次"乒乓球外交"后，他变得很合作，尤其是在课堂上，表现得更积极努力。指名读课文时，他抢着举手，而且基本能流利地读完一段话。

四单元的作文题目是"二十年后的……"。小飞那天写得异常专心，很快就写满了一张稿纸。写完后，我拿过来要读。他笑着说："别读，读了他们会妒忌的。"这使我更加纳闷。等我读完后才知道：原来在他的文章中，二十年后的王老师成了校长，学校需要扩建，正缺少资金。而他很慷慨地要给母校捐钱……尽管文章中有很多不通顺的地方，但我还是读懂了他那颗感恩和回报的心。我把他的这篇文章一边修改一边读给全班同学听，同学们都自发地为他鼓掌。

4月6日，我正忙着在办公室里批改作业，两个孩子跑进办公室高兴地问我："老师，今天是你的生日？""什么？今天是我生日吗？今天几号？"我诧异地问。"4月6日。"我恍然大悟，上次孩子们问我是什么星座的，我告诉他们我的生日是4月6日。

当我回到教室时，全班大声喊："王老师，生日快乐！"黑板上写着一行大字："祝王老师生日快乐！"同学们急着告诉我是小飞写的。那一瞬间，我感到很欣慰。

下班后，去幼儿园接调皮的儿子，等他玩够了，我骑着车急匆匆往家走。快到家时，正好碰到小飞和潇潇，他们俩骑着自行车，手里拿着一个包装好的小礼物和一枝白色的马蹄莲。"王老师，可算等着您了！"小飞着急地说，"这是我们给您的生日礼物。"一时间，我被这两个孩子的心感动得不知说什么好，忙从车筐里拿出刚买的一盒冰激凌，递给他们吃。但他们没有要。

六(4)班　李小凤/绘

和他们告别后，我看着车筐里的礼物，虽然不大，但我心里却异常幸福！

孟子说"得天下英才而教育之"，是人生之大乐。其实何必教育出英才，只要能够给孩子带来快乐，能为他们的健康成长提供一点正能量，就算是为师者的赏心乐事了。

坚持与"退守"

卢 荣

导读

　　教师的教育智慧是怎么来的？教育的智慧是在陪伴孩子中而来的；教育的智慧是靠勤奋得来的；同时教育的智慧是用心和孩子们交流出来的。当每天应对孩子们的突发情绪变化时，我们的态度和应变能力在哪里？我们如何既保护他们，又及时地避免孩子们因情绪过激而对同学和老师造成顶撞？我们的态度会在瞬间影响他们，如果处理不得当，就会在孩子们的心中留下阴影，种下一棵与人不为善的小苗。教师不能心中怀有"以大欺小"的心态。教师不能"好为人师"，而应在倾听、倾诉的过程中化解师生之间、生生之间的矛盾。

　　小学教师是孩子一生中最重要的人之一。孩子会潜移默化地学教师的言行举止，也会因为喜欢某位教师，而喜欢他所教的学科，也会重新选择自己今后的人生发展方向。那么，我们教师能为孩子们做些什么？在孩子们最需要我们的时候，我们会为他们付出多少的精力？

　　细细回味这些年来孩子们和自己之间的说也说不完的秘密，无法忘记那一张张稚嫩的脸，多少年后我还会很容易地叫出他们的名字。故事是这样开始的……

和家长牵手

　　还记得那个叫天天的男孩。好几年过去了，大家还会常常提到这个孩子。

如今，他已经高三毕业，在国外就读大学了。我是在他三年级的时候，开始教他英语。当时，他在课堂上随时随地打乱老师的课堂秩序，老师在上面说，他会不停地在座位上海阔天空地乱说一气。高兴的时候他还和老师唱几句反调，引得同学们哄堂大笑。并且，他对自己的这种行为颇为得意。他作业没有几次是完成的，大小考试成绩也都很差。他在班里拉了一个捣乱的队伍，常常自己为首，让周围的学生很是崇拜他的"敢作敢为"。在体育课上，他更是出尽风头。六年级时，体育老师姓索，他就在班里成立"钥匙党"，课间很多学生跟着他用纸折叠了许多钥匙在教室里扔，嘴里还不断说着要用这些钥匙去打开那把"索"。班主任找他谈了几次话，效果不佳。课间，他对老师也不尊重，故意对着老师说脏话。当时班主任就像消防员一样，天天为了他救火，生怕他闯出大祸，什么课都跟着。

我也和其他老师一样遇到事情总会请班主任出面来解决、帮忙。后来我发现他对我越来越不屑一顾了。我想了想也有道理：什么事都去找班主任，学生会怎么看我？在他们的眼里，我只会告状，只会请家长，是个"没本事"的老师。我开始自己想办法。先从作业抓起，少一个字母都不行，陪着他写完，每个课间都等着他，盯着他写。接着就是上课，课堂上关注他，读书、学习、写作业我都要过问，通过提高成绩转移他的注意力。

这期间，我开始不断和其家长沟通，当然也有不愉快的时候。但不把他治理过来，班里跟在他后面的学生就抓不过来，就无法正常上课。我下定决心，无论多难都要把他的教育坚持到底。沟通成功是在一个两节课后的下午，我请了他的父母和孩子一起坐在语音教室里。我刻意安排我和家长围坐成一个圆圈，让彼此都能看到对方的脸。孩子坐在父母的中间。从一开始我们就是以商量的口吻，以解决问题的态度谈他的表现。我首先讲了他课堂上的很多表现，让他听听我的描述有没有不恰当的。在得到他的肯定后，我让他也讲讲做这些事的原因。父母当时很吃惊，不相信这是他的所作所为。我把班主任和其他任课老师也叫了过来，让大家说说他的表现，并始终以询问的口吻了解他当时是怎么想的。

其实孩子自己有时也很苦恼。他想和同学们交朋友、与老师沟通，却苦于找不到方法，以至于每次都采取过激行为。我们就这样一点一点打开他的心锁，并让他看到我们和家长是真正关心他和爱护他的。

此后，班主任做了很多工作，不断家访，及时肯定孩子进步。当家长再次主动来学校了解孩子情况时，我们都感受到了孩子的转变。

把天天转变过来后，班里其他捣乱的学生自然也就没有了声音。

在天天上高二要离开北京出国的时候，我和班主任都精心准备了礼物送给他，当时他很动情地拥抱了我。

孩子的心灵是需要呵护的，打开心灵的窗户，你能看到孩子柔软的一面。他们都爱自己的父母，我们应和家长手拉手，一起和孩子走过成长的岁月。

"不打不成交"

课堂上教师的自信是十分重要的。

有时，我们需要面对班里极有个性的学生。记得刚刚教涛涛的时候，就是一次心理的历练。我是学期中间接手的这个班，学生和老师都有所不习惯。但是抽测当前，不容我们有更多时间去思考细节，唯有迎难而上。涛涛当时无论在学校还是在组里都是"名人"了，而我因为一次偶然的事情还和这个学生发生了一点小小的冲突。

那时，他还不是我的学生，但是每天下午放学后他都会来我们英语组找范老师给他补英语。有一次范老师临时开会，他自己一个人在背书，刚好坐在办公室的门口。每当有学生进出办公室的时候，他都会用手里的竖笛打一下。我不知道他的"历史"，马上就上前去教育他，并让他向刚刚被他欺负了的同学道歉。谁知道，一下子触怒了他，他马上就不干了，很生气地把自己的书一扔，扭头走了。过了不久，他爷爷来到了办公室，替他拿走了书包，并跟我们几位老师讲他在家里也比较难管。

此后，每次在学校见面，他对我都很抵触，冷眼看着我。他没有想到的是我要教他英语了。还记得第一天和他的接触就很有意思。课间我和往常一样走进他的班级，作着课前准备，我用余光看到一个学生站在教室板报的拐角，远远地注视着我。我知道那是涛涛，我没有看他，假装不知道他的存在。铃声一响，同学们起立向我问好，这时，涛涛惊讶地看着我，那眼神好似在说："你怎么来我们班了？"然后他的动作完全在我的意料之中：他用力摔了一下书本，用不屑的目光看着我，也不问候我，而同学们都坐下时，他选择了站着。

看到他这时的表现，我反而更有把握了，这样的孩子小"case"。我知道他就是想让我多关注他，想更多地吸引我的注意力。我一般会在课堂上冷处理，不搭腔。我故意不看他，而是继续讲着我的课，将学生的兴趣、注意力全部都吸引过来。偶尔提问，我照样给他机会，但是他都拒绝回答。我仍然面带笑容，不去理会他。快下课时，我作了自我介绍，让大家以后叫我 Miss Lu，并说明范老师很信任我，暂时由我来教大家英语，我也希望能和大家成为好朋友。最后我说道："我喜欢带你们这样的士兵去打仗，但是当我的兵就要听我的指挥，如果有要掉队的，我会很大方地把你留给我的敌人。希望大家能跟上我的大部队，努力加大步伐前进。"这时，涛涛开始用那种巴结我的目光看着我，希望我能给他一个眼神。我没有理他。就在下课铃打响时，他大声说："卢老师，作业是明天交吗？"我马上停下来，对大家说："占用半分钟时间，谢谢涛涛给我的提醒，关于作业要求和范老师提的一样。"

六(1)班　吴佳忆/绘

课间，我看他慢慢地往我这里走，我也假装收拾东西。当他离我比较近时，我马上说："涛涛，我们是认识的吧！你上课能听懂吗？明天我开始给你们班几个慢的学生补课，你看还需要我帮你吗？需要的话，明天中午小饭桌后来找我。"此后，他天天第一个来找我。我们的关系逐渐缓和起来。

在平时交往中，我注意对他及时肯定和鼓励。他上课还可以，成绩也逐步提高，毕业考试时顺利过关了。毕业典礼上，他主动提出来让我和他的父母一起合影留念。

面对学生突发性的表现，不能硬碰硬，而要冷处理，给学生转变的空间、台阶。对于六年级的学生，更要晓之以理，动之以情，耐心地反复和他们沟通。

"忍一时风平浪静，退一步海阔天空"，教育有时也是如此。

牵着小"蜗牛"去散步

昝玉静

导读

　　牵着"蜗牛"去散步，还是"蜗牛"牵着我们去散步？我们不要忘记自己也曾是个孩子，教育需要等待。教育更需要静下心，慢下脚步，牵着小"蜗牛"们一起去散步，一起享受成长的快乐，为他们的每一次努力攀行而呐喊助威，为他们的每一次奋勇前进而鼓掌喝彩，为他们的每一次成长进步而加油鼓劲！

　　"老师，老师，三班的人又在楼道里大喊大叫。""老师，老师，三班的斌斌和阅阅打起来了。""老师，老师，三班男生把厕所的门弄坏了。"……办公室里每天都上演着三班孩子"大闹办公室"的场景。这就是刚刚入学时的三班孩子，顽皮好动，各种调皮捣蛋，每每提起总是让老师们头大如斗。

　　刚开学，三班的孩子就给我这个素未谋面的数学老师来了个"下马威"。记得那是孩子们刚刚吃完午饭的时候，我组织四班的孩子们排队回教室。突然间，只见队伍后面出现了众多"为所欲为"的孩子，有的在地上打滚，有的比赛摔跤，有的攀爬门窗……一打听才知道原来是三班的孩子们。怎么能这样！那干脆也让三班孩子排队吧！于是，我大声说："三班、四班的孩子比赛，看看哪个班排队又快又整齐！"四班的孩子听到了赶紧向我靠拢，而三班的孩子们似乎拿我当"空气"，继续我行我素，让我感到很沮丧。

　　开学后的数学课上，三班果然状况不断，先是课上上厕所的一个接一个，后是孩子们的打闹此起彼伏。开学的第一个星期，我饱受打击。我开始琢磨：是不是我的教育教学方法出了问题？难道班主任赵老师的课上他们也是这样？

随后，我和赵老师进行沟通，赵老师告诉我"教育需要等待"，并给我讲了这样一个故事。

> 上帝给我一个任务，叫我牵一只蜗牛去散步。
>
> 我不能走得太快，蜗牛已经尽力爬，每次总是挪那么一点点。
>
> 我催它，我唬它，我责备它，蜗牛用抱歉的眼光看着我，仿佛说："人家已经尽了全力！"
>
> 我拉它，我扯它，我甚至想踢它，蜗牛受了伤，它流着汗，喘着气，往前爬……
>
> 真奇怪，为什么上帝要我牵一只蜗牛去散步？
>
> "上帝啊！为什么？"天上一片安静。
>
> 唉！也许上帝去抓蜗牛了！好吧！松手吧！
>
> 反正上帝不管了，我还管什么？
>
> 任蜗牛往前爬，我在后面生闷气。
>
> 咦？我闻到花香，原来这边有个花园。
>
> 我感到微风吹来，原来夜里的风这么温柔。
>
> 慢着！我听到鸟声，我听到虫鸣，我看到满天的星斗多亮丽。
>
> 咦？以前怎么没有这些体会？我忽然想起。
>
> 莫非是我弄错了！原来上帝是叫蜗牛牵我去散步。

开始，我并不理解所谓的"等待"。经过一段时间对赵老师教育教学活动的观察，我发现，赵老师总是从细微之处走进孩子们的内心世界，开发他们的潜质，用爱心、耐心、细心慢慢地改变着孩子们，等待他们成长。胆小害羞的孩子，赵老师关注他们取得的点滴进步，公开肯定他、鼓励他。调皮好动的孩子，赵老师因材施教。他让酷爱聊天的涵涵担任升旗主持人，发挥其"爱说"的才能；让总爱提出各种意见的嘉嘉同学担任卫生检察员，发挥其"细心"的才能；让爱跑爱闹爱结交朋友的阅阅担任读书小队队长，发挥其"领导"的才能。虽然孩子们性格迥异，但赵老师总能在细微处找到教育的切入点，并善于挖掘和发现他们身上的亮点。

苏霍姆林斯基说："一个好教师意味着什么？首先意味着他热爱孩子，感到跟孩子交往是一种乐趣，相信每个孩子都能成为一个好人，善于跟他们交

朋友，关心孩子的快乐和悲伤，了解孩子的心灵，时刻都不忘记自己也曾是个孩子。"赵老师就是这样的好教师。

我开始学习她，慢慢学会牵着"蜗牛"去散步。课前，我和孩子们聊聊天，说说最近班里的新鲜事，拉近和孩子们的距离。课上，和孩子们一起探讨问题，时常提醒那些注意力不集中的孩子，对他们说一句："你觉得他说的对吗？"不失时机地鼓励那些胆小的孩子多发言，对他们说一声："你真棒！给大家想出了这么好的一个办法。"课下，和学习比较费劲的孩子多沟通交流；对于那些学习特别困难的孩子，更是努力找时间，进行一对一的方法辅导。同时经常和家长沟通，提醒他们孩子最近需要着重进行巩固练习的内容，并将一些练习题的电子版发到公共邮箱里供家长下载。

慢慢地，这些看似不经意的细节，慢慢改变了三班的孩子们：自卑内向的小珂、鸣鸣、姚姚会用亲切的语言向每一位老师打招呼，也敢和同学们一起玩耍了；胆小、不自信的朵朵、雯雯能够大胆地站在主席台前，主持学校的大活动了；淘气捣乱的涛涛、斌斌能够主动帮我收拾学具，分发作业本了……我想，这就是我牵着这些小"蜗牛"们散步，带来的润物无声的效果吧！

许多时候，我们容易为纷杂凌乱的琐事所干扰，毫无耐心地批评责备学生，忘记了教育需要等待，忘记了学生需要慢慢地成长，更忘记了我们是在牵着一群"蜗牛"去散步。

亲爱的老师们，让我们静下心来，慢下脚步，牵着我们的小"蜗牛"们去散步吧！在散步的路上，让我们领略教育的美丽图景。

学会关心身边最近的人

刘建伟

导读

什么是成功的教育？都说远水解不了近渴，却为何我们经常忽略身边最近的人？如果你发现你改变不了这个世界，那就尝试着去改变自己对这个世界的看法，改变自己的行为，这样你会发现原本的世界其实多姿多彩。

小悦："快点儿，快点儿，老师让看书了，你怎么还不看呀！"

同桌不好意思地低头开始看书。

小悦："明天考试你要带齐学习用具，别忘了！"

同桌笑着感谢这个提醒。

小悦："快把你座位下的纸捡起来，不然又要扣咱班分了！"

小悦和同桌一起弯下腰捡纸。

……

上面的小悦和他的同桌，是我刚刚送走的一届毕业生中的两名学生。通过上面的情景，谁都能感受到小悦对同桌的友好，这也是我逢人必提的一件事。

但谁能想到，这个小悦，刚入学时可着实令人头疼。因为长得漂亮，人人都夸她，再加上家里对她很是宠爱，她与同桌——一个聪明好动但生活上比较邋遢的男孩总是发生不愉快的事情，几乎每个课间都会发生小悦"状告"同桌的事：不是同桌把铅笔屑吹到她身上了，就是同桌咳嗽没捂嘴巴了，要不就是同桌擦鼻涕的纸掉到了小悦的桌子下……

起初，我耐心地劝慰小悦，也批评其同桌。但几周后告状现象并没有减少，于是我就给他们换了座位。几天后，小悦告状的现象又出现了，原因和之前一样。怎么办？这明显是因为小悦娇气、任性，不能和稍微有点"问题"的同学相处。这样下去，她会被班集体孤立的。我正犹豫着该如何处理，恰巧到该定期换座位了。这次小悦轮到和以前的同桌坐在一起了。我决定以此为契机，帮助小悦改正自身的不足。

我一直牢记着母亲的一句话：不论你在什么地方，要珍视和你最近的那个人。这个"人"可能是你的同学、同事、舍友，甚至是看电影时邻座的陌生人。但奇怪的是，我们的目光总是不容易被身边的人吸引，更多的时候，是为其所烦，甚至嫉恨。也许是因为竞争，也许是因为他不小心影响了你的视线，也许只是因为太了解对方，从而轻视他……

想到这些，我几次找到小悦，给她讲了这样一件事。

有一个年轻的阿姨，她的新邻居是一对老年夫妇，可能是代沟的缘故，他们很少来往，偶尔在阳台上晾衣服时，会打声招呼，仅此而已。一次春节期间，她听到叩门声，以为是朋友来拜年，打开防盗门一看，奇怪，是个陌生女人。显然这位女士看出了她的尴尬，便很快自我介绍："不好意思，我是对面家的女儿，今天回娘家，可不可以送我一根大葱……我们应该做好邻居！"原来是通过一根葱来加强彼此往来。她有点惭愧，按理她这个晚辈应该主动与邻居夫妇拉近关系，想不到他们的女儿捷足先登了，而且这种方式非常简单，却很温暖。接下来的日子，她发现了很多不寻常的变化：在门口的垃圾袋，常被人提走了；邻居把最美最香的花移到离她家最近的阳台上摆着，风吹着窗帘，她分享着那阵阵袭来的花香；她白天不在家时，对面邻居的门一整天都开着，显然他们"顺便"帮她家看门……

这个故事我是分几天给她讲的，每天讲的时候，我会找一两件同桌男孩帮助她的举动，有时也会提起一两件班里同学友好对待她的点滴。慢慢地，她能够也愿意发现别人身上的优点了。能发现别人的优点，也就会愿意亲近他人。就在这个过程中，我曾经捕捉到一个细节：同桌男孩由于父母分别是单位里的高尖端人才，很少有时间顾及到他，所以没有随身带纸巾，当他打了一个大喷嚏，没有纸擦满脸的鼻涕时，小悦看见了，便迅速地掏出自己的好几张纸递给他，帮助他解决了尴尬。发现这一幕后，我很欣喜，又连续几天和小悦聊起怎样和同桌相处的问题，还替男孩以及他的父母表达了对小悦的感谢。

四（1）班　张元佐/绘

小悦慢慢地变了，似乎变成了另外一个人：每次期末考试后来学校登成绩，她总是从家里拿来一个"百宝箱"：剪刀、签字笔、涂改液等，有时还不忘带上几个一次性的水杯供大家喝水。

她的书包里总是带上手纸，而且她的手纸用得最快。每次当同学举着脏手急于擦脸时，每次流鼻血的同学不知所措时，她总是迅速地拿出她的"救命纸"解人燃眉之急。

她课桌的第二层里总有一个小的塑料袋，那是她帮同桌清理课桌后用来装垃圾的。由此，他们总是有一个干净的小环境。

每次做扫除，她总是拿小块的抹布擦净教室的犄角旮旯，擦净玻璃上的污点，擦净黑板槽里的粉笔末。

……

这样的事不胜枚举。小悦对同桌、同学的关心与帮助持续到毕业。

这是人生的一次"慢跑"，经过这样的"慢跑"，小悦的人格变得丰富、完善。由此，她未来的人生之路将更精彩。

　　听说，到了中学后，小悦依然是班里个子最矮的女生，不过，她依然是班里最热心、最细心、最有爱心的学生。关心别人，已成了她的习惯。

以宽容之心静待花开

王丽星

导读

　　学生个体差异很大，每个人都有自己的独特之处。如果能使每个学生独特的个性得到充分发展，将让他们终生受益。宽容学生的错误，给他改正的机会、时间至关重要。但宽容不是纵容，更不是放任自流，要以了解学生为前提，用尊重与耐心的态度对待他们，或许教育的奇迹就这样发生了……

　　那还是开学第一天，我去给刚接手的四班上课，走到教室门前，班内没有一点声音，同学们在等我上课呢！步入教室，只见地面非常整洁，细心的值日同学还在地面上撒了水。我心里暗自欣慰，值日生可真负责！当我走到讲台前时，一个画面映入眼帘：紧挨讲台的一个男生课桌底下异常凌乱，不仅有几张碎纸片躺在地上，而且上边还可怜巴巴地压着课本和几个作业本。我不禁皱起了眉头，真想喊他起立，叫他打扫干净。可我转念一想，要是那样做，这节课他是肯定上不好了。上第一节课就被新老师批评，他怎么上得好呢？又怎么能让别人上好呢？于是我默默地捡起了碎纸片，替他把课本、作业本捡起来并且码放整齐。这时，他的同桌见状也赶快过来帮忙……

　　在以后的日子里，我注意观察这个同学：明明早上穿的干净衣服，下午就脏了；桌子底下明明早上是干净的，下午就脏了，废纸一堆。他的课桌上书本乱七八糟，东西掉了他就跪在地上捡。对于自己的物品，他总是随意放，一会儿找不到书，一会儿又找不到作业本。这是典型的学习、卫生习惯不好。后来与他的家长谈话，也证实了这一点。

现在的孩子大多是独生子女，父母管得过多，很多事不让孩子做，而是自己亲历亲为，从吃、穿到用，皆是如此。这势必造成孩子自理能力低下，而孩子自己不觉得，甚至还自我感觉不错。另外，儿童的自尊心很强，如果直白地指出其缺点，有时还会使其逆反。因此，站在他的角度上，充分维护他的自尊心，用尊重、平等的态度与他交谈，帮其改正不良习惯，才是上策。

一天下午，我把他留下，自然地为他提了提挎在腰上的裤子，先在情感上与他拉近距离，然后轻声说："想不想将来做一个有成就的人？""想！"他说。"那现在就应该作准备，首先从小要养成一个好习惯：学习习惯、卫生习惯。一个好习惯让一个人受益一生，对吧？""对。""那你该怎么办呢？"……

在以后的几天里，我耐心地等他改进。一天早上，我走到讲桌前，突然眼前一亮：他桌子底下多了一个装加餐的盒子——他用来当垃圾桶，有了垃圾就及时装进垃圾桶。我走过去轻轻拍了拍他的头以示表扬，然后轻轻地为他整理了书本。

观察学习是儿童获得良好行为的重要途径。鉴此，我为他找了一个学习、卫生习惯俱佳的同桌来影响他。同时向他的家长建议：在家里尽量让他多做力所能及的事情。果然，他进步越来越大，虽然偶有反复。

一个人在成长过程中，犯错是不可避免的。宽容学生的错误，给他改正的机会、时间至关重要。但宽容不是纵容，更不是放任自流。正确地运用心理学、教育学的理论和方法，尽量站在学生的角度上考虑问题，充分保护他们的自尊心是必要的。小学生年龄小，崇拜老师，会自觉不自觉地模仿老师的一言一行。因此，应该为他们指明进步的方向，为他们树立学习的榜样。另外，要耐心等待其进步，并及时表扬其闪光点。因为人的优点有时是被夸出来的。

教育，就是以宽容之心静待花开。

向我倾诉你的悲伤

焦 玫

导读

　　每一个人在人生的历程中都会遭遇巨大的痛苦与悲伤，我们总是难以启齿，无法向他人倾诉，只有压抑自己的痛苦。深埋的悲伤会令我们在不知不觉中走向封闭与黑暗。小学生也会面对这样的时刻，教师应该敞开心扉，走进他们的心灵，倾听他们的诉说，帮助他们去化解，引导他们走出悲哀，走向光明。

　　那是一个非常忙碌的暑假，我参加了各种培训活动。就在这时候，我看到一条来自网络的消息。上海一位 40 岁不到的男子在工作时，突发心脏病猝死。看到这条消息，我心头一紧，这个名字我是有一些印象的，好像是我们班的一位家长。这位家长长期在上海工作，我一直没见过。我希望这不是真的，只是同名同姓而已。然而接下来，孩子的妈妈的电话证实了我的猜测，让我和她一起陷入了悲哀。电话里我安慰她，但我觉得在这样的悲痛面前任何语言都显得很苍白，现实中可以做的是给予孩子更多的关注与关心。

　　我教小天已经快三年了，她是一个很聪明的女孩子，每一天对于她来说都是快乐的。她每天笑着进教室，与同学度过开心的一天，最后高高兴兴地离开。我想，父亲去世的消息对于她来说是巨大的打击，见到她，我一定要好好劝导她、安慰她。然而，事情和我想的完全不同。开学后的第一天，她居然和以前没有什么区别，依旧快快乐乐的，课上课下和同学聊着天，在日记里写着每天的乐事，似乎什么也没发生过一样。我看着她，几次话到嘴边，都咽了下去。我想她既然准备遗忘，我又何必让她回忆那伤心的经历呢？在后来的日子里，我一直关注着她，这种关注和以往的关注大不相同。每次当她在课堂随便说话，应该受到批评的时候，我都会刻意地大事化小，小事化了，能不批评就不批评。有时候她和同学吵架，我都会站在她那一边，帮她说话。直到有一次，她再次违反纪律，并且拒不承认的时候，我只好把她单独留了下来。

小天表现出毫不在意的样子。我握着她的手，看着她的眼睛，慢慢地对她说："小天，我知道你生活中发生了很大的变化。"她看着我，强忍着，什么也没说。"看到你每一天的笑脸，我都为你、为你妈妈感到高兴，你真的很懂事！"小天低下头，眼中有了泪光。"你现在六年级了，可是妈妈在教初三，她一定特别忙碌，对不对？"小天点点头，一滴泪水滴到了我的手上。"你每天的快乐是让妈妈放心，而你在学业上的努力更会让妈妈安心，你知道吗？"我一边说着，一边眼泪也掉了下来。小天哭出了声，我不知道该说什么，把孩子抱在了怀里，她痛哭了起来。

过了一会儿，我们慢慢平复下来。我找来纸巾给她擦干眼泪。"小天，你这么聪明，我说的话，你是懂的。妈妈在这学期给你报了数学班，爷爷天天来接你上课，他们的期望你一定明白，我也相信你能做到。"小天点点头，说："我以后上课会注意的，我会好好听讲的。"我拍了拍她的头："回去吧，有什么需要我帮助的，可以跟我说，不要憋在心里。"小天微微一笑，点点头，高兴地走了。

这次谈话，其实我并没有说什么，因为我感到小天内心里对自我的保护：失去父亲，对于一个女孩子来说，是失去了生命中一个最重要的人，那种悲伤，她不知道该如何表达。更何况家中有白发人送黑发人的爷爷奶奶和要独自面对压力的母亲，她不愿意让别人知道她的悲伤，更不能把悲伤带给自己最亲近的人。于是她就自己吞咽着悲伤，而这样的负面情绪影响到了她的学业。在谈话中，我没有去谈论她父亲的离世，而是引导她信任我，我更希望她自己对我说出她的心情，说出她的悲伤，虽然她现在做不到，但我知道这次谈话对她有所触动。虽然我只是她的老师，但是一样可以给她心灵的慰藉。

日子一天天过去，寒假过后，我收上来全班的假期日记。小天的日记，让我潸然泪下。日记的题目是"没有爸爸的第一个春节"，小天写道："每年我是多么盼望春节到来，我就可以到上海和爸爸一起过年，可今年我一点儿也不盼望了，因为我亲爱的爸爸永远离开了我们。"这是她第一次提到父亲离世。后面写了一家人在亲戚的陪同下过年。在那热闹的气氛中，大家心中却有着无法挥去的悲伤。最后她回到自己的小屋里，看着往年的照片，留下了泪水。最后一段是："我知道光思念是不行的，我应该像爸爸说的那样——'自助者天助也'，和家人好好生活，我想这也是爸爸的在天之灵希望看到的。我们一家人要好好生活下去，过好每一天。"这篇日记孩子写了一千多字，每一个字都工工整整，似乎每写一个字，她都在向那个最爱她的人诉说着自己的思念，也诉说着自己的坚强。小天不再沉浸在无边的伤感中，她站起来了。的确如此，小天越来越努力，小学毕业时考上了清华附中的重点班。

五（3）班　张睿琪/绘

　　遭遇悲痛，找人倾诉一番有多重要？心理学家可以证明："倾诉能帮你保持健康心态。"研究人类大脑的美国专家也说："把负面感受说出来，可以减弱恐惧、惊慌等强烈情感对大脑组织的刺激，还能激活控制情绪冲动的大脑区域，有助减轻悲伤和愤怒。"面对失去家人的悲痛，小天心中有着向人倾诉的欲望，但她感到痛苦却无人可倾诉，于是我跟她谈话，关心她，让她信任我。可是她面对老师（不仅仅是老师，甚至好朋友），她根本说不出口时，该怎么办？心理专家给出的答案是："当你陷入烦恼，需要的不是一个好参谋，而是一个好听众。"聪明的小天，选择了写出来，她知道交上来的日记，我一定会看到。心理学家的研究也证实，持续用书写方式倾诉压力和烦恼，人的心态会变得积极，抗压性明显增强，甚至免疫细胞的免疫力都有所提升！我为她找到了疏导的方式而高兴。

其实就我个人来说，在我懂事之后，从未经历亲人离去。面对小天的情况，我没有这方面的经验，但作为一名老师，我必须走进孩子的心灵。正如我们学校要求的那样：教师要"从心灵深处关爱学生，不仅要雪中送炭，还要带给学生心灵的抚慰和温暖"。

　　我愿意敞开心扉，走进更多学生的心灵，倾听他们内心的诉说。

选择当教师，就是选择不断修炼的过程。要懂得自己首先是教育者，其次才是学科教师；要懂得教师虽然不是待遇最高的职业，但永远是最高尚、最令人尊敬的职业。要敬畏教育、热爱学生、忠于事业。

选择从事基础教育的教师，还要懂得在学生未来对社会的贡献中，体现自己的人生价值；在学生今日的爱戴与未来的回忆中，实现富有乐趣与成就的教育人生。

——摘自《清华附小办学行动纲领》

附　录

《清华附小办学行动纲领》二十语

1. 选择了清华，就选择了一生的责任。选择当教师，就选择了不断修炼的过程。

2. 不做漏气的发动机。心存正念，遇事正思维，传递正能量。

3. 学校存在的意义就在于，每一个人都重要，每一个人都成长，每一个人都把学校当作精神皈依的家园。

4. 结构决定品质！"1+X 课程"结构决定着人才培养的规格与层次。

5. 一个好教师就是一种好教育。决定教育成败的是站在讲台前的那个人。

6. 儿童站在学校正中央。教师要懂得对学生的帮助、关怀和成全，就是对自己的帮助、关怀和成全。

7. 让教师享有因自己的教育成效而获得的有品质的生活，以及有专业尊严的职业认同。

8. 校长好好学习，学校天天向上；教师好好学习，学生天天向上。

9. 教师让出课堂舞台，从"自编、自导、自演"退居二线，专心做好"编"和"导"。

10. 课前"预学"，学生带着准备与问题来到课堂；课上"共学"，进行小组释疑与分享；课后"延学"，带着更高的渴求与问题走出课堂。

11. 班主任是学生、家长眼中的学校，有时甚至是学校的全部！

12. 人们往往喜爱学习好、相貌好的学生，但更要爱那些学习困难、相貌不漂亮，甚至具有特殊需要的学生。

13. 管理者永远不要问，我能得到什么；而要不断问，我能为每个教职工做什么。

14. 什么时间干什么事，在什么地方干什么事，干什么事就要干好什么事。

15. 事情如何发生很重要，但更重要的是我们的反应。

16. 学校应该把更多的资源，花在离学生最近的地方，离教育教学最近的地方。

17. 家长口碑是学校的活广告。家长是学校工作的参与者、合作者、评价者，是学校声誉的传播者。

19. 把微笑、感谢与赞美当作职业本能。心怀感恩，常知愧疚，卓越攀行！

18. 简单是做人和做事的最佳原则。

20. 请你不要走在我前面，我不想跟随你；请你不要走在我后面，我不想领导你；请你走在我身边，我想与你并肩同行。

清华附小学生三字口诀

一、言行得体

清华人	知礼仪	讲文明	修养好
进校园	衣整洁	红领巾	佩戴好
走路轻	靠右行	坐立时	胸挺好
交谈时	体端庄	目交流	表情好
爱树木	护花草	公共区	秩序好
言语美	仪表优	举止雅	精神好

二、勇于担当

讲正义	有正气	明事理	晓是非
讲平等	创和谐	凡遇事	正思维
讲参与	肯付出	尽己能	心无愧
讲公益	喜奉献	乐服务	主动为
讲智勇	敢承担	遇险恶	巧面对
讲责任	尽全力	做善事	心灵美

三、自律自强

| 思无涯 | 行有矩 | 守规则 | 能自律 |

生气时	宜冷静	极兴奋	能自制
今日事	今日毕	家务活	能自理
擦桌椅	扫地面	讲卫生	能自主
倡节俭	不浪费	零花钱	能自管
勤锻炼	有意志	遇危险	能自护

四、诚实守信

说话时	表如里	讲真话	办实事
做事时	讲诚信	能互助	重品质
交往时	心坦诚	待人物	须真挚
犯错时	虚心改	晓以理	动以行
承诺时	须恪守	言与行	终一致
考验时	有信义	忠与诚	为宗旨

五、尊重感恩

父母情	重如山	懂孝敬	晓伦理
师生情	深似海	尊师道	念师恩
长辈情	记心间	有礼节	知回报
同学情	应呵护	互尊重	忌无礼
朋友情	懂珍惜	相扶持	互鼓励
祖国情	怀敬意	忠一生	永铭记

六、协商互让

有大局	会服从	知原则	长相宜
有分歧	能协商	轻私利	增友谊
有荣誉	同分享	人有难	齐助力
有小异	求大同	遇无礼	莫斗气
有矛盾	换位想	常沟通	取双赢
有交往	善分享	择其善	心境怡

七、勤奋好学

动脑筋	爱思考	视野宽	见识多
好读书	读好书	书读好	积累多
书写美	演讲妙	动手做	体验多
观察勤	兴趣广	思维活	迁移多

| 爱探索 | 会质疑 | 善尝试 | 创造多 |
| 会预学 | 常总结 | 讲效率 | 快乐多 |

八、全面发展

爱祖国	爱自然	爱自己	爱他人
言得当	行得当	勇担当	当自强
能诚实	能守信	能感恩	能谦让
好习惯	好体魄	好基础	好心态
有目标	有方法	有专长	有创新
志学行	立人行	聪慧行	高尚行

送饭工人的微笑

六（5）班 夏昊翀

在生活中，我们可以看到许多人的微笑。但那天中午，我就看到了送饭工人乐此不疲的微笑。

这回，我们学校换了送餐公司，饭菜变得更加可口了。但是，这回不像以前只有两个箱子，而是有五个桶，以及装盘子、碗等餐具的筐。由于是自助式，会有剩饭，所有还有两个空筐。

那天中午，我吃完饭，但剩了一点菜，于是我打着饱嗝走出教室，看到一个刚刚搬着五个桶下去的叔叔。我慢悠悠地走到筐前，在倒剩菜时，不小心一甩，一点萝卜像从荡高了的秋千上跳下去一样，掉到了地上。我刚想捡，结果却被刚才的叔叔捡了起来：他怎么这么快，不怕累吗？由于刚搬了五个桶，他气喘吁吁地说："小朋友，下次倒饭的时候小心一点。""知道了，谢谢叔叔。"我有点不好意思地说。"今天的饭菜可口吗？""比以前的好吃很多，味道很棒，你们辛苦了。""再见，小朋友。"他微笑着，离开了这里。下课了，我出去玩，看到那个叔叔过来了。他走到我们班门前，拿起一个桶放在中间，接着又拿起一个桶垒到了那个桶的上面，就这样接二连三地垒了所有的桶，最后，他"嘿"了一声，小心翼翼地搬起来。他一回头，见到了我。"又是你。"他说。我看着跟大力士似的叔叔，惊讶地感叹："哇，叔叔，你力气真大，可以练举重。不过，你不怕桶掉下来？""不会，"他说，"熟练了，不会掉。"他又微笑了。看着他汗流浃背的背影，我一阵感叹：他不喊累不叫苦，尽管劳累却总微笑。以后，每当我看到他微笑，我也快乐起来。

　　虽然这是一个苦力活，但他很开心，并用微笑传递快乐。他负责六年级，正是他的微笑让我们不再陌生。这就是微笑的魅力。他是我心中的"微笑传递员"，并对工作永远乐此不疲！

图书在版编目（CIP）数据

清华附小的德育细节/窦桂梅主编. —上海：华东师范大学出
版社，2013.9
（名校教育探索/梁营章，张华毓主编）
ISBN 978 - 7 - 5675 - 1230 - 6

Ⅰ.①清…　Ⅱ.①窦…　Ⅲ.①德育—小学教育—案例—北京市
Ⅳ.①G621

中国版本图书馆 CIP 数据核字（2013）第 225856 号

大夏书系·名校教育探索

清华附小的德育细节

丛书主编	窦桂梅
本册主编	梁营章　张华毓
策划编辑	李永梅　林茶居
项目编辑	程晓云　杨　坤
审读编辑	卢风保
封面设计	奇文云海·设计顾问

出版发行	华东师范大学出版社
社　　址	上海市中山北路 3663 号　邮编　200062
网　　址	www. ecnupress. com. cn
电　　话	021 - 60821666　行政传真　021 - 62572105
客服电话	021 - 62865537
邮购电话	021 - 62869887　地址　上海市中山北路 3663 号华东师范大学校内先锋路口
网　　店	http://hdsdcbs. tmall. com/

印　刷　者	北京季蜂印刷有限公司
开　　本	700×1000　16 开
插　　页	2
印　　张	17
字　　数	278 千字
版　　次	2013 年 12 月第一版
印　　次	2025 年 1 月第十四次
印　　数	37 101 - 38 100
书　　号	ISBN 978-7-5675-1230-6/G·6845
定　　价	49.80 元

出 版 人	朱杰人

（如发现本版图书有印订质量问题，请寄回本社市场部调换或电话021-62865537 联系）